A. M. D. G.

RÈGLEMENT GÉNÉRAL

DE LA SOCIÉTÉ CENTRALE

DES APPRENTIS

ET DES

JEUNES OUVRIERS

DE BORDEAUX

SOMMAIRE

Pages.

CHAP. Ier. — But et direction de la Société. 3
CHAP. II. — Organisation de la Société.... 4
§ Ier. — Divisions et Sections.......... *id.*
§ II. — Bureaux particuliers et Conseil de la Société 5
CHAP. III. — Réunions en usage dans la Société 6
CHAP. IV. — § Ier. — Conditions d'admission et de séjour dans la Société... 9
§ II. — Dispositions générales ou disciplinaires.... 10
Approbation de M. Gignoux, vicaire-général 13
Ordre des séances mensuelles............ 14

SOCIÉTÉ CENTRALE DES APPRENTIS

et des

JEUNES OUVRIERS DE BORDEAUX

RÈGLEMENT GÉNÉRAL

CHAPITRE Ier

But et direction de la Société.

Article premier. — *La Société centrale des Apprentis et des jeunes Ouvriers*, fondée le 30 septembre 1849, avec la haute approbation de Son Éminence, a pour but de maintenir la jeunesse chrétienne dans les sentiers de la vertu, tout en lui ménageant des récréations aussi innocentes qu'agréables.

Art. 2. — Trois éléments entrent dans la direction de l'Œuvre :

1° L'*Autorité diocésaine*, représentée par un ou deux *Ecclésiastiques*, lesquels sont spécialement chargés de la *Congrégation de la Très Sainte Vierge* ;

2o Les *Frères des Écoles chrétiennes*, aidés dans la conduite des jeux, dans la surveillance et dans les autres détails administratifs par un *Corps d'Officiers d'Ordre;*

3o Les *Confrères de St-Vincent de Paul*, à la tête d'une *Conférence* composée des jeunes gens les plus âgés qui concentrent l'exercice de leur charité uniquement sur les membres de la *Société*.

Art. 3. — Les trois éléments de la direction, représentés, chacun selon sa nature, par un, deux ou trois membres, forment le *Conseil supérieur de l'Œuvre*, auquel sont exclusivement réservés les rapports avec l'extérieur, la répartition du budget, les affaires importantes, etc.

CHAPITRE II

Organisation de la Société

§ Ier

DIVISIONS ET SECTIONS

Art. 4. — La *Société* comprend :

1o Le *Cercle des Anciens*, c'est-à-dire des membres mariés ou qui ont atteint au moins leur dix-huitième année ;

2o La *division Saint-Joseph*, composée des Sociétaires proprement dits, admis, après un an au moins de séjour dans l'Œuvre;

3° Celle des *Agrégés* qui comprend les jeunes gens auxquels ce titre a pu être conféré comme récompense de l'assiduité et de la bonne conduite pendant six mois au moins passés dans la division inférieure ;

4° Enfin celle des *Aspirants* ou des nouveaux.

Art. 5. — Pour passer à une division supérieure, il faut :

1° Réunir les conditions exigées de bonne conduite et d'assiduité ;

2° Prendre l'avis du *Frère Directeur*, et être proposé par lui.

Art. 6. — Parmi les autres corporations de la Société, on compte un *Orphéon* et un *Corps de musique* instrumentale, formés uniquement de jeunes gens exemplaires et choisis dans les trois premières divisions.

Art. 7. — On ne tolère pas qu'aucun membre de l'Œuvre, musicien ou autre, fasse partie d'aucune Société musicale étrangère.

§ II

BUREAUX PARTICULIERS ET CONSEIL DE LA SOCIÉTÉ

Art. 8. — Le *Cercle des Anciens*, la *division Saint-Joseph* et les diverses corporations, sont administrés isolément par un bureau spécial.

Art. 9. — Les deux premiers dignitaires de chaque bureau sont nommés pour un an par le *Conseil supérieur*. Les autres membres sont choisis à la majorité des voix par les électeurs respectifs.

Art. 10. — Les divers bureaux se réunissent mensuellement et veillent à la parfaite exécution des règlements particuliers.

Art. 11. — Les deux premiers dignitaires de chaque bureau forment le *Conseil de la Société*, lequel tient ses séances le troisième dimanche de *février, avril, juin, août, octobre* et *décembre*, à cinq heures du soir.

Art. 12. — Le *Conseil de la Société* ne délibère jamais sans qu'un membre au moins du *Conseil supérieur* n'assiste à ses réunions.

Art. 13. — Le *Conseil de la Société* a soin de veiller sur la conduite de tous les jeunes gens de l'Œuvre. — Il admet au degré d'*Agrégé* et de *Sociétaire*. — Il organise en temps voulu, sous le contrôle ordinaire, les séances récréatives non solennelles, etc.

CHAPITRE III

Réunions en usage dans la Société

Art. 14. — Les réunions ont lieu les dimanches et les fêtes chômées :

1° Le matin, à 7 heures, on célèbre la sainte messe suivie de l'action de grâces, pour ceux qui ont fait la sainte communion ;

2° Le soir, vers 4 heures, s'ouvrent les jeux qui durent jusqu'au moment de l'exercice religieux, et pendant lesquels le *Prêtre Directeur* confesse ou entretient les jeunes gens qui vont le trouver. Vers 6 heures et demie, on se rend à la chapelle ; après les avis donnés par le *Frère Directeur*, on fait la prière du soir suivie d'un chant pieux. Après l'instruction, on chante en l'honneur de la *Sainte Vierge* l'antienne du temps suivie de l'oraison *Defende quæsumus*, et l'on termine par la bénédiction du T.-S. Sacrement ou par celle de la Croix. L'usage indique les jours où il y a vêpres, admissions solennelles, etc.

Art. 15. — Les réunions extraordinaires, telles que promenades, pèlerinages, séances récréatives, grands jeux, etc., sont affichés longtemps à l'avance, ou du moins on en donne avis à temps aux Sociétaires (1).

Art. 16. — Le samedi et les veilles des fêtes chômées, le *Prêtre Directeur* se tient à la disposition des jeunes gens pour entendre les confessions.

(1) C'est au Cercle des Anciens qu'incombe l'organisation de la discipline extérieure dans les solennités extraordinaires.

ART 17. — Les réunions générales et obligatoires du *Cercle* ont lieu régulièrement le premier dimanche de mars, juin, septembre et décembre, celles de la division *Saint-Joseph*, le quatrième dimanche des mois de mars, juin, septembre et décembre, à 5 heures du soir.

ART. 18. Les fêtes patronales célébrées dans la Société sont désignées ci-après par ordre de date.

Si elles ne tombent pas un dimanche, la célébration en est renvoyée au dimanche suivant :

19 Mars : *St. Joseph*, patron des *Sociétaires*;

3e Dimanche après Pâques : *Patronage de Saint-Joseph*, fête de toute la *Société* ;

29 Juin : *Saint Pierre*; Fête du *Cercle des Anciens* ;

19 Juillet : *Saint Vincent de Paul*, patron de la *Conférence* ;

15 Août : *Assomption* (solennité renvoyée au jour du Saint-Cœur de Marie, 2e dimanche après le 15 août), fête de la *Congrégation* ;

29 Septembre : *Saint Michel Archange*, patron des *Officiers d'Ordre* ;

2 Octobre : *Les Saints Anges*, patrons des *Agrégés* ;

22 Novembre : *Sainte Cécile*, patronne des *Musiciens* et des *Orphéonistes* ;

28 Décembre : *Les Saints Innocents,* fête des *Enfants de Chœur.*

CHAPITRE IV.

Discipline et usages de la Société.

§ Ier. — CONDITIONS D'ADMISSION ET DE SÉJOUR DANS LA SOCIÉTÉ

ART. 19. — Lorsqu'un jeune homme se présente pour faire partie de la Société, s'il n'est accompagné d'un membre de sa famille ou muni d'une lettre de recommandation, il doit être au moins connu de quelque bon sociétaire, qui vient répondre de la moralité et des dispositions favorables du postulant

ART. 20. — Le premier dimanche, on lui remet un petit état qu'il remplit ensuite chez lui, et qui doit être suivi du consentement du père ou de la mère.

ART. 21. — Le second dimanche, le postulant se présente muni desdits renseignements, et, moyennant 50 cent., il reçoit, au contrôle, la carte de Sociétaire, le Règlement et le Manuel réunis en un petit volume que l'on doit avoir avec soi à chaque réunion générale.

ART. 22. — Tout postulant doit être bien disposé à éviter les lieux dangereux et les fréquentations mauvaises. La Société demande de lui : 1° une moralité persévérante ; 2° l'assistance exacte à la messe du dimanche, et une fois le mois, s'il ne le peut chaque fois, la présence à la messe de la Société, surtout à celle de l'*Archiconfrérie Saint-Joseph*, qui se dit le premier dimanche du mois (1) ; 3° la confession à des époques annoncées d'avance et distantes entre elles d'un mois au plus (ceux qui ne se confessent pas au *Prêtre Directeur* doivent alors faire constater par lui qu'ils se sont mis en règle à cet égard) ; 4° de ne jamais manquer sans permission une réunion obligatoire, ordinaire ou autre.

§ II

DISPOSITIONS D'ORDRE GÉNÉRAL

ART. 23. — Quand on ne peut assister à une réunion obligatoire, on a soin de prévenir qui de droit, surtout si l'absence doit se prolonger un certain temps.

ART. 24. — Ceux qui ne peuvent, pour de bonnes raisons, rester jusqu'à la fin de la réunion, doivent de préférence, ne pas y venir.

ART. 25. — Des lettres d'avertissement sont

(1) La Société a été affiliée à l'Archiconfrérie de Saint-Joseph de Beauvais par Bref de S. S. Pie IX, en date du 20 avril 1866.

envoyées chez les jeunes gens inexacts, les membres du Cercle exceptés.

Art. 26. — Il est expressément défendu, dans le lieu des réunions, de se montrer bruyant et tapageur, de taquiner ou de vexer les autres, de se permettre des manières ou des paroles contraires à la bienséance et de faire aucun dégât.

Art. 27. — Il est également défendu de courir soit dans la salle des jeux, soit dans celle de lecture, ainsi que d'en emporter aucun livre ou objet de jeu. De plus, dans la salle de lecture, on ne peut parler, même à voix basse, que par nécessité.

Art. 28. — On ne joue jamais de l'argent, mais on peut jouer les billets des loteries mensuelles donnés comme récompense à l'assiduité, au dévouement, etc.

Art. 29. — Il n'est pas permis de fumer dans le local de la Société. En promenade, ceux chez lesquels cette habitude est impérieuse ne fument qu'avec permission et à l'écart.

Art. 30. — L'introduction ou l'explosion non autorisée de pétards ou de pièces d'artifice dans les réunions ou promenades de la Société, l'entrée ou le séjour sans permission dans une auberge ou un café pendant les mêmes réunions ou promenades, sont aussi des choses rigoureusement défendues.

Art. 31. — On doit toujours se tenir avec respect dans la chapelle, ne point se permettre d'y parler et observer une grande retenue lorsqu'on y entre et lorsqu'on en sort.

Art. 32. — Pendant les instructions et les avis, on doit garder un silence absolu et écouter attentivement jusqu'à la fin.

Art. 33. — Il est formellement interdit de venir dans le local des réunions le dimanche avant 4 heures du soir, comme aussi de s'y introduire sur semaine, sans permission, hors le temps réglé.

Art. 34. — Une absence non motivée se prolongeant pendant un mois, ou des absences fréquentes sans permission ; l'immoralité, l'indocilité, le mauvais esprit sont des cas d'exclusion.

Art. 35. — Tout membre de la Société a soin d'avertir lorsqu'il change de domicile. Il avertit également s'il vient à tomber malade, et peut, s'il est dans le dénûment, en informer secrètement la Conférence.

Art. 36. — Lorsqu'un membre de la Société vient à mourir, tous sont invités à ses obsèques. Chacun tâche de communier le dimanche suivant et de gagner l'indulgence plénière pour le défunt, comme aussi d'entendre la messe de *Requiem*, célébrée pour lui dans la chapelle de la Société, autant que possible le huitième jour après le décès

Examen fait du présent Règlement, et le jugeant bien adapté à l'œuvre importante qu'il a pour objet, l'avons revêtu de notre approbation.

Bordeaux, le 11 Mars 1867.

GIGNOUX, *vicaire général.*

ORDRE DES SÉANCES MENSUELLES

1er Dimanche, à 5 heures : *Bureau du Cercle des Anciens.*

2me dimanche, à 5 heures : *Orphéon, Fanfare, Tambours et Clairons.*

3me Dimanche, à 5 heures : *Conseil de la Congrégation.*

4me Dimanche, à 4 heures : *Conseil de discipline* ; à 5 heures : *Bureau de St-Joseph.*

Pour les réunions du *Conseil de la Société*, voir l'article 12.

Pour les *réunions trimestrielles* de la *Division Saint-Joseph*, voir l'article 18.

PETIT MANUEL

DE LA JEUNESSE CHRÉTIENNE

PRIÈRE DU MATIN

Quand vous vous éveillez, ne manquez pas d'élever votre cœur à Dieu par quelque prière fervente, disant, par exemple : « Mon Dieu, » je vous donne mon cœur ; faites-moi la grâce » de ne vivre que pour vous. » *N'oubliez pas aussi, en vous levant, de faire toujours le signe de la croix, en disant :* « Au nom du » Père, et du Fils, et du Saint-Esprit. Ainsi » soit-il. »

Étant habillé, prenez de l'eau bénite, mettez-vous à genoux devant un crucifix ou quelque autre image de piété, et, après avoir fait le signe de la croix, dites :

Venez, Esprit-Saint, remplissez les cœurs de vos fidèles serviteurs, et allumez en eux le feu de votre divin amour.

ACTE D'ADORATION.

Mon Dieu, qui êtes ici présent, prosterné humblement devant votre divine Majesté, je vous adore comme mon souverain Seigneur, mon Créateur, mon premier principe et ma dernière fin.

ACTE DE REMERCÎMENT.

Quelles actions de grâces vous rendrai-je, ô mon Dieu ! pour tous les bienfaits que j'ai reçus de vous ; c'est encore par un effet de votre bonté que je vois ce jour : je veux aussi l'employer uniquement à vous servir. Je vous en consacre toutes les pensées, les paroles, les actions et les peines. Bénissez-les, Seigneur, afin qu'il n'y en ait aucune qui ne soit animée de votre amour et qui ne tende à votre plus grande gloire.

ACTE DE CONTRITION.

Mon Dieu, je me repens de tout mon cœur des péchés que j'ai commis contre votre adorable Majesté ; je les déteste tous, parce que vous êtes infiniment bon et que le péché vous déplaît ; je vous en demande très humblement pardon ; je me propose de ne plus vous offenser, moyennant votre sainte grâce et de satisfaire à votre justice.

ACTE DE FOI.

Mon Dieu, je crois fermement toutes les vérités qui nous sont proposées par l'Église, parce que c'est vous qui les lui avez révélées.

ACTE D'ESPÉRANCE.

Mon Dieu, j'espère de votre bonté la vie éternelle et les moyens d'y arriver, parce que vous nous l'avez promise, et que vous êtes fidèle dans vos promesses.

ACTE DE CHARITÉ.

Mon Dieu, je vous aime de tout mon cœur, parce que vous êtes infiniment bon et infiniment aimable, et j'aime mon prochain comme moi-même pour l'amour de vous.

ACTE DE DEMANDE.

Mon Dieu, vous connaissez ma faiblesse. Je ne puis rien sans le secours de votre grâce. Ne me la refusez pas, ô mon Dieu ! Proportionnez-la à mes besoins : donnez-moi assez de force pour éviter le mal que vous défendez, pour pratiquer tout le bien que vous attendez de moi, et pour souffrir patiemment toutes les peines qu'il vous plaira de m'envoyer.

L'ORAISON DOMINICALE.

Notre Père, qui êtes aux cieux, que votre nom soit sanctifié; que votre règne arrive; que votre volonté soit faite sur la terre comme au ciel; donnez-nous aujourd'hui notre pain de chaque jour et pardonnez-nous nos offenses comme nous pardonnons à ceux qui nous ont offensés; et ne nous laissez pas succomber à la tentation; mais délivrez-nous du mal. Ainsi-soit-il.

LA SALUTATION ANGÉLIQUE.

Je vous salue, Marie, pleine de grâces; le Seigneur est avec vous; vous êtes bénie entre toutes les femmes, et Jésus, le fruit de vos entrailles est béni.

Sainte Marie, Mère de Dieu, priez pour nous pauvres pécheurs, maintenant et à l'heure de notre mort. Ainsi soit-il.

LE SYMBOLE DES APÔTRES.

Je crois en Dieu, le Père tout-puissant, Créateur du ciel et de la terre; et en Jésus-Christ, son Fils unique, notre Seigneur, qui a été conçu du Saint-Esprit, est né de la Vierge Marie; a souffert sous Ponce-Pilate, a été crucifié, est mort, et a été enseveli; est descendu aux enfers, et le troisième jour est ressuscité des morts; est monté aux cieux, est assis à la droite de Dieu le Père tout-puissant, d'où il viendra juger les vivants et les morts.

Je crois au Saint-Esprit, la Sainte Église catholique, la communion des saints, la rémission des péchés, la résurrection de la chair, la vie éternelle. Ainsi soit-il.

LES COMMANDEMENTS DE DIEU.

1. Un seul Dieu tu adoreras,
Et aimeras parfaitement.

2. Dieu en vain tu ne jureras,
Ni autre chose pareillement.

3. Les Dimanches tu garderas,
En servant Dieu dévotement.

4. Tes pères et mères honoreras,
Afin de vivre longuement.

5. Homicide ne commettras,
De fait ni volontairement.

6. Luxurieux tu ne seras,
Par action ni consentement.

7. Le bien d'autrui tu ne prendras,
Ni retiendras injustement,

8. Faux témoignage ne diras,
Ni mentiras aucunement.

9. L'œuvre de chair ne désireras,
Qu'en mariage seulement.

10. Les biens d'autrui ne convoiteras,
Pour les avoir injustement.

—

LES COMMANDEMENTS DE L'ÉGLISE.

1. Les Dimanches la messe ouïras,
Et les fêtes pareillement.

2. Les Fêtes tu sanctifieras,
Qui te sont de commandement.

3. Tous tes péchés confesseras,
A tout le moins une fois l'an.

4. Ton Créateur tu recevras,
Au moins à Pâques humblement.

5. Quatre-Temps, Vigiles, jeûneras,
Et le Carême entièrement.

6. Vendredi chair ne mangeras,
Ni le Samedi mêmement.

—

PRIÈRE A L'ANGE GARDIEN.

Mon bon Ange, qui m'avez été donné de Dieu pour me garder et me conserver, inspirez-moi sa sainte volonté, et me conduisez dans le chemin du salut. Ainsi soit-il.

Litanies du S. Nom de Jésus.

Seigneur, ayez pitié de nous.
Christ, ayez pitié de nous
Seigneur, ayez pitié de nous.
Jésus, écoutez-nous.
Jésus, exaucez-nous.
Père céleste, qui êtes Dieu,
Fils, rédempteur du monde, qui êtes Dieu.
Saint-Esprit, qui êtes Dieu,
Sainte-Trinité, qui êtes un seul Dieu,
Jésus, fils du Dieu vivant,
Jésus, splendeur du Père
Jésus, pureté de la lumière éternelle,
Jésus, roi de gloire,
Jésus, soleil de Justice,
Jésus, fils de Marie toujours vierge,
Jésus, qui êtes aimable,
Jésus, qui êtes admirable,
Jésus, Dieu fort,
Jésus, père du siècle à venir,
Jésus, ange du grand conseil,
Jésus, qui êtes tout-puissant,
Jésus, qui avez été très patient,
Jésus, qui avez été très obéissant,

Ayez pitié de nous.

Jésus, qui avez été doux et humble de cœur,
Jésus, qui chérissez la chasteté,
Jésus, qui nous honorez de votre amour,
Jésus, Dieu de paix,
Jésus, l'auteur de la vie,
Jésus, le modèle des vertus,
Jésus, qui êtes plein de zèle pour le salut des âmes,
Jésus, notre Dieu,
Jésus, notre unique refuge,
Jésus, père des pauvres,
Jésus, trésor des fidèles,
Jésus, bon pasteur,
Jésus, vraie lumière,
Jésus, sagesse éternelle,
Jésus, source infinie de bonté,
Jésus, notre voie et notre vie.

Ayez pitié de nous.

Jésus, la joie des Anges,
Jésus, la joie des apôtres,
Jésus, le docteur des évangélistes,
Jésus, la force des martyrs,
Jésus, la lumière des confesseurs,
Jésus, la pureté des vierges,
Jésus, la couronne de

tous les saints, ayez pitié de nous.
Soyez-nous propice, pardonnez-nous, Jésus.
Soyez-nous propice, exaucez-nous, Jésus.
De tout mal, délivrez-nous, Jésus.
De tout péché, délivrez-nous, Jésus.
De votre colère, délivrez-nous, Jésus.
Des embûches du démon,
De l'esprit d'impureté,
De la mort éternelle,
Du mépris de vos saintes inspirations,
Par le mystère de votre sainte incarnation,
Par votre naissance,
Par votre enfance,
Par votre vie toute divine,
Par vos travaux,
Par votre agonie et votre passion,
Délivrez-nous, Jésus.
Par votre croix et votre délaissement,
Par vos langueurs,
Par votre mort et votre sépulture,
Par votre résurrection,
Délivrez-nous, Jésus.
délivrez-nous, Jésus.
Par votre ascension, délivrez-nous, Jésus.
Par votre joie, délivrez-nous, Jésus.
Par votre gloire, délivrez-nous, Jésus.
Agneau de Dieu, qui ôtez les péchés du monde, pardonnez-nous, Jésus.
Agneau de Dieu, qui ôtez les péchés du monde, exaucez-nous, Jésus.
Agneau de Dieu, qui ôtez les péchés du monde, ayez pitié de nous Jésus
Jésus, écoutez-nous.
Jésus, exaucez-nous.

PRIONS.

O Dieu notre Sauveur, qui avez dit : « Demandez et vous recevrez ; cherchez et vous trouverez ; frappez à la porte et on vous ouvrira ; » nous vous prions de répandre en nous la tendresse de votre divin amour, afin que nous vous aimions de tout notre cœur ; que, par notre bouche, nous répandions partout la bonne odeur de cet amour ; que nous en donnions des marques par nos œuvres, et que nous ne cessions jamais de louer votre saint nom. Ainsi soit-il.

PRIÈRES PENDANT LE JOUR

AVANT LE TRAVAIL.

Mon Dieu, je vous offre mon travail et toutes mes actions. Je souhaite que ce soit pour votre amour, pour votre gloire et pour mon salut. Donnez-moi, Seigneur, votre bénédiction. Ainsi soit-il.

AVANT LE REPAS.

℣. Bénissez :

℟. Que ce soit le Seigneur.

Bénédiction. Que la main de Jésus-Christ bénisse nos personnes et la nourriture que nous allons prendre. ✝ Au nom du Père et du Fils, et du Saint-Esprit. Ainsi soit-il.

APRÈS LE REPAS.

Nous vous rendons grâces pour tous vos bienfaits, ô Dieu tout-puissant, qui vivez et régnez dans tous les siècles des siècles. Ainsi soit-il.

℣. Bénissons le Seigneur.

℟. Rendons grâces à Dieu.

Que les âmes des fidèles défunts reposent en paix par la miséricorde de Dieu. Ainsi soit-il.

QUAND ON SONNE L'ANGELUS

L'ange du Seigneur annonça à Marie qu'elle enfanterait le Sauveur, et elle conçut par l'opération du Saint-Esprit.

Je vous salue, Marie, etc.

Voici la servante du Seigneur ; qu'il me soit fait selon votre parole.

Je vous salue, Marie, etc.

Et le Verbe éternel a été fait chair et il a habité parmi nous. — Je vous salue, Marie, etc.

℣. Priez pour nous, sainte Mère de Dieu,

℟. Afin que nous soyons rendus dignes des promesses de N.-S. Jésus-Christ.

PRIONS.

Seigneur, répandez, s'il vous plaît, votre grâce dans nos cœurs, afin qu'ayant connu, par la voix de l'Ange, le mystère de l'incarnation de votre Fils, nous puissions arriver heureusement, par les mérites de sa passion et de sa croix, à la gloire de la résurrection. Par le même J.-C. notre Seigneur. Ainsi soit-il.

PRIÈRE DU SOIR

Au nom du Père, etc.

Venez, Esprit-Saint, remplissez les cœurs de vos fidèles serviteurs et allumez en eux le feu de votre divin amour.

Mettons-nous en la présence de Dieu et,

après l'avoir adoré; rendons-lui grâce de tous les biens que nous avons reçus de sa bonté infinie, principalement aujourd'hui.

Prosterné devant vous, ô mon Dieu ! je vous rends grâces de ce que vous m'avez donné une âme capable de vous connaître et de vous aimer ; de ce que vous m'avez racheté par le sang précieux de Notre-Seigneur Jésus-Christ, votre Fils, et de ce que vous m'avez nourri et conservé depuis que je suis au monde.

Prions Dieu qu'il nous fasse connaître les péchés que nous avons commis aujourd'hui, afin que nous puissions les détester.

Faites, par votre grâce, Seigneur, que je connaisse le nombre de mes péchés et l'aversion que vous en avez, afin que je puisse les détester, en concevoir une douleur amère, et que je ne retombe pas dans mes infidélités passées.

Examinons notre conscience ; recherchons tous les péchés que nous avons commis aujourd'hui en pensées, paroles, actions ou omissions, nous arrêtant principalement à ceux auxquels nous avons un plus grand penchant. — On s'arrête ici pour donnner à chacun le loisir d'examiner sa conscience... et après qu'on a reconnu ses péchés, on dit :

Faisons un acte de contrition de tous nos péchés.

Mon Dieu, je me repens de tout mon cœur des péchés que j'ai commis contre votre adorable majesté, je les déteste tous, parce que vous êtes infiniment bon et que le péché vous déplait ; je vous en demande très-humblement pardon ; je me propose de ne plus vous offenser, moyennant votre sainte grâce, et de satisfaire à votre justice.

LA CONFESSION DES PÉCHÉS.

Je confesse à Dieu tout-puissant, à la bienheureuse Marie toujours vierge, à saint Michel archange, à saint Jean-Baptiste, aux bienheureux apôtres saint Pierre et saint Paul, et à tous les saints, que j'ai beaucoup péché en pensées, en paroles, et en œuvres, par ma faute, par ma faute, par ma très grande faute : c'est pourquoi je prie la bienheureuse Marie toujours vierge, saint Michel archange, saint Jean-Baptiste, saint Pierre et saint Paul, apôtres, et tous les saints, de prier pour moi le Seigneur notre Dieu.

Que le Dieu tout-puissant nous fasse miséricorde, et que, nous ayant pardonné nos péchés, il nous conduise à la vie éternelle. Ainsi soit-il.

Que le Dieu tout-puissant et miséricordieux nous accorde le pardon, l'absolution et la rémission de nos péchés. Ainsi soit-il.

Notre Père, etc. Je vous salue, etc., pag. 17.
Je crois en Dieu, etc. page 18.

Litanies de la Sainte Vierge.

Kyrie eleison.	Seigneur, ayez pitié de nous.
Christe eleison.	Christ, ayez pitié de nous
Kyrie eleison.	Seigneur, ayez pitié de nous.

Christe, audi nos.	Christ, écoutez-nous,
Christe, exaudi nos.	Christ, exaucez-nous,
Pater de cœlis, Deus, miserere nobis.	Père céleste, qui êtes Dieu, ayez pitié de nous
Fili, Redemptor mundi, Deus, miserere nobis.	Fils, rédempteur du monde, qui êtes Dieu, ayez pitié de nous.
Spiritus Sancte, Deus; miserere nobis.	Saint-Esprit, qui êtes Dieu, ayez pitié de nous.
Sancta Trinitas, unus Deus, miserere nobis.	Sainte-Trinité, qui êtes un seul Dieu, ayez pitié de nous.
Sancta Maria,	Sainte Marie,
Sancta Dei Genitrix,	Sainte Mère de Dieu,
Sancta virgo virginum,	Sainte Vierge des vierges,
Mater Christi,	Mère de Jésus-Christ,
Mater divinæ graciæ,	Mère de la divine grâce,
Mater purissima,	Mère très pure,
Mater castissima,	Mère très chaste,
Mater inviolata,	Mère sans tache,
Mater intemerata,	Mère sans corruption,
Mater amabilis,	Mère aimable,
Mater admirabilis,	Mère admirable,
Mater creatoris,	Mère du Créateur,
Mater Salvatoris,	Mère du Sauveur,
Virgo prudentissima	Vierge très prudente,
Virgo veneranda,	Vierge digne d'honneur,
Virgo prædicanda,	Vierge digne de louange,
Virgo potens,	Vierge puissante,
Virgo clemens,	Vierge pleine de douceur,
Virgo fidelis,	Vierge fidèle,
Speculum justitiæ,	Miroir de justice,
Sedes sapientiæ,	Trône de la sagesse,
Causa nostræ lætitiæ,	Cause de notre joie,
Vas spirituale,	Vase spirituel,
Vas honorabile,	Vase honorable,
Vas insigne devotionis,	Vase insigne de dévotion,
Rosa mystica,	Rose mystique,
Turris Davidica,	Tour de David,
Turris eburnea,	Tour d'ivoire,
Ora pro nobis.	Priez pour nous.

Domus aurea,	Maison d'or,
Fœderis arca,	Arche d'alliance,
Janua cœli,	Porte du Ciel,
Stella matutina,	Etoile du matin,
Salus infirmorum, *Ora p. n.*	Santé des malades, *P. p. nous.*
Refugium peccatorum,	Refuge des pécheurs,
Consolatrix afflictorum,	Consolatrice des affligés,
Auxilium christianorum,	Secours des chrétiens,
Regina angelorum,	Reine des Anges,
Regina patriarcharum,	Reine des patriarches,
Regina prophetarum,	Reine des prophètes,
Regina apostolorum,	Reine des apôtres,
Regina martyrum,	Reine des martyrs,
Regina confessorum,	Reine des confesseurs,
Regina virginum,	Reine des vierges,
Regina sanctorum omnium,	Reine de tous les saints,
Regina sine labe originali concepta,	Reine conçue sans péché,
Agnus Dei, qui tollis peccata, mundi, parce nobis, Domine,	Agneau de Dieu, qui effacez les péchés du monde, pardonnez-nous, Seigneur.
Agnus Dei, qui tollis peccata, mundi, exaudi nos Domine.	Agneau de Dieu, qui effacez les péchés du monde, exaucez-nous, Seigneur.
Agnus Dei, qui tollis peccata mundi, miserere nobis.	Agneau de Dieu, qui effacez les péchés du monde, ayez pitié de nous.
Christe, audi nos.	Jésus-Christ, écoutez-nous.
Christe, exaudi nos.	Jésus-Christ, exaucez-nous.
℣. *Ora pro nobis, Sancta Dei Genitrix.*	℣. Priez pour nous, sainte Mère de Dieu.
℟. *Ut digni efficiamur promissionibus Christi.*	℟. Afin que nous soyons rendus dignes des promesses de N.-S. Jésus-Christ.

OREMUS.	PRIONS.
Gratiam tuam, quæsumus, Domine, mentibus nostris infunde, ut qui, Angelo nuntiante, Christi, Filii tui Incarnationem cognovimus, per Passionem ejus et Crucem ad Resurrectionis gloriam perducamur. Per eumdem Christum Dominum nostrum.	Seigneur, répandez, s'il vous plaît, votre grâce dans nos cœurs, afin qu'ayant connu par la voix de l'Ange le mystère de l'Incarnation de votre Fils, nous puissions arriver heureusement, par les mérites de sa passion et de sa croix, à la gloire de la résurrection. Par le même Jésus-Christ notre Seigneur.
℟. *Amen.*	℟. Ainsi soit-il.

PRIÈRE A L'ANGE GARDIEN.

Mon bon Ange, etc., *page* 20.

PRIÈRE A TOUS LES SAINTS.

Saints et Saintes, qui jouissez de Dieu dans le ciel, priez Notre-Seigneur qu'il me fasse la grâce d'y arriver un jour, et qu'il m'assiste dans tous mes besoins.

Efforçons-nous de nous mettre dans la disposition où nous voudrions être trouvés s'il nous fallait mourir cette nuit.

Dans l'incertitude où je suis si la mort ne me surprendra pas cette nuit, je vous recommande mon âme, ô mon Dieu ! Ne me jugez pas dans votre colère, mais pardonnez-moi tous mes péchés passés ; je les déteste de tout mon cœur. Je vous proteste que, jusqu'au dernier soupir, je veux vous être fidèle, et que je ne désire vivre que pour vous, mon Sauveur et mon Dieu, pour l'amour duquel je pardonne à tous ceux qui m'ont offensé, comme je demande pardon à tous ceux que j'ai offensés.

ACTES DE FOI, D'ESPÉRANCE ET DE CHARITÉ

(*Voyez à la prière du matin*, p. 17.)

Que les âmes des fidèles défunts reposent en paix par la miséricorde de Dieu. Ainsi soit-il.

En vous mettant au lit, prenez de l'eau bénite et, après avoir fait le signe de la croix en disant : « Au nom du Père, et du Fils, et du Saint-Esprit, ainsi soit-il, *ajoutez* : « Mon » Dieu, faites-moi la grâce de bien vivre et de » mourir saintement. »

EXERCICE POUR LA CONFESSION

Lorsqu'on veut se confesser, il faut prendre un temps raisonnable pour examiner sa conscience ; car on ne peut faire une bonne confession que tout autant que l'on s'est appliqué à bien connaître ses péchés. Mais, pour les connaître, on a besoin de la grâce de Dieu. Faites avec ferveur la prière suivante pour l'obtenir.

PRIÈRE AVANT L'EXAMEN DE CONSCIENCE.

Dieu saint, qui êtes toujours disposé à recevoir favorablement le pécheur et à lui pardonner, jetez les yeux sur une âme qui retourne à vous de bonne foi, et qui cherche à laver ses taches dans les eaux salutaires de la pénitence. Faites-moi la grâce, ô mon Dieu ! d'en approcher avec les dispositions nécessaires ; soyez dans mon esprit, afin que je connaisse tous mes péchés ; soyez dans mon cœur, afin que je les déteste souverainement ; soyez dans ma bouche, afin que je les confesse et que j'en obtienne la rémission.

Esprit-Saint, source de lumière, vous dont l'œil pénétrant sonde en ce moment-ci les replis les plus secrets de mon cœur et lit jusque dans le fond de ma conscience, daignez en dissiper les ténèbres, et venez m'aider à connaître mes péchés. Montrez-les-moi, Seigneur aussi distinctement que je les verrai quand, au sortir de cette vie, il me faudra paraître devant vous pour être jugé.

Faites-moi connaître, ô Dieu saint ! le mal que j'ai fait, le bien que j'ai omis, et ne souffrez pas que l'amour criminel que j'ai pour moi me séduise et m'aveugle. Oh! que je serais insensé si je croyais pouvoir tromper votre ministre aux pieds duquel je vais me jeter, sans que votre œil à qui rien n'est caché, n'aperçût mon hypocrisie, et sans que votre justice terrible n'en tirât vengeance!... Ah! loin de moi cette pensée!... O mon Dieu! chassez de mon cœur, je vous en conjure, toute mauvaise honte qui pourrait enchaîner ma langue, et ôtez le voile que le péché a mis devant mes yeux, afin que rien ne m'empêche de me bien connaître moi-même et de me faire connaître autant qu'il est nécessaire à celui qui tient ici votre place.

EXAMEN DE CONSCIENCE

POUR LA CONFESSION

1. — Sur ma dernière Confession.

Quand a-t-elle eu lieu? — Avais-je fait auparavant mon examen avec soin et avec attention? — M'étais-je excité à la contrition? — Avais-je pris la ferme résolution d'éviter les péchés que j'allais confesser? — N'ai-je pas oublié, ou caché, ou diminué quelques péchés? — Quels sont-ils? — Ai-je fait attention aux avis de mon confesseur ? — Ai-je fait ma pénitence telle qu'il me l'avait imposée ?

II. Sur les commandements de Dieu.

1er. N'ai-je pas écouté des paroles impies et contraires à la foi ? — N'en ai-je pas dit ? — Comment ai-je écouté les instructions religieuses et comment me suis-je comporté pendant qu'on les faisait ? — Sais-je bien clairement ce que c'est que Jésus-Christ, la sainte Vierge, l'Église, les sacrements de Baptême, de Pénitence, d'Eucharistie, etc., etc. ? — Ai-je fait mes prières tous les matins et tous les soirs ? — Et comment ? — N'ai-je pas manqué de remplir quelques devoirs de religion par respect humain, de crainte qu'on se moquât de moi ? — Comment me suis-je comporté à l'église ? — Y ai-je prié Dieu avec piété et modestie ? — Au contraire, n'y ai-je pas ri, parlé, fait rire et parler les autres ? Ai-je écouté avec plaisir ou tenu des conversations contre la religion ou contre les prêtres ? — Ai-je fait souvent des actes de foi, d'espérance et de charité ? — N'ai-je pas fait commettre aux autres quelques péchés contre ce commandement ? — (*Combien de fois ?*)

2e. Ne vous ai-je pas pris à témoin, mon Dieu, pour faire croire ce que j'affirmais, disant par exemple : « C'est aussi vrai qu'il y a un Dieu, etc. ? » — N'ai-je pas prononcé votre saint nom sans respect, ou en y ajoutant quelques mots injurieux ? — N'ai-je pas fait des malédiction contre moi, contre les autres, contre les animaux ? — N'ai-je pas dit des mots grossiers, comme F., B., C., etc. ? — N'ai-je pas été cause que d'autres ont fait ces mêmes péchés ? — (*Combien de fois ?*)

3°. Suis-je venu à la messe tous les dimanches ou fêtes d'obligation ? — L'ai-je entendue tout entière, en la lisant dans mon *Petit Manuel* ou dans mon paroissien et avec piété ? — Ai-je eu soin d'assister aux exercices pieux de la Société ? — Me suis-je toujours abstenu de travailler ces mêmes jours à quelque œuvre servile ? — Combien d'heures ai-je travaillé ? — L'ai-je fait par ma faute ou y ai-je été contraint par mes patrons? — N'ai-je pas fait faire aux autres quelques péchés contre ce troisième commandement ? — (*Combien de fois ?*)

4°. Ai-je eu de la haine contre mon père, ma mère ou mes patrons ? — Leur ai-je désobéi ? — N'ai-je pas manqué de les aider, de prier pour eux ? — N'ai-je pas fait faire ces mêmes péchés à mes frères, à mes sœurs, à mes camarades ? — Ne me suis-je pas disputé et battu avec eux ? — Ai-je manqué de respect et désobéi à mes patrons ? — (*Combien de fois ?*)

5e. Ai-je eu de la haine contre mon prochain? — *Combien de temps?* — Lui ai-je désiré du mal? Lui ai-je dit des injures? — Me suis-je battu? — Ai-je fait battre les autres? — Me suis-je vengé? — N'ai-je pas donné aux autres de mauvais conseils ou de mauvais exemples? — Ne les ai-je pas détournés du bien en me moquant d'eux? — N'ai-je pas refusé de leur rendre service quand je le pouvais? — (*Combien de fois?*)

6e et 9e. Ai-je regardé des choses indécentes ou lu des livres déshonnêtes? — Ai-je dit, chanté ou écouté des paroles indécentes? — Ai-je fait de mauvaises lectures? — Ai-je, tracé sur les murs ou sur du papier des mots ou des figures sales? — Ai-je fait seul ou avec d'autres, des actions contraires à la pureté? — Ai-je fréquenté de mauvais camarades et des lieux défendus? — Ai-je fait commettre aux autres ces mêmes péchés? — Me suis-je arrêté avec plaisir à des pensées et à des désirs déshonnêtes? — (*Combien de fois?*)

7e et 10e. Ai-je pris à mes patrons, à mes parents, à mes camarades de l'argent ou d'autres choses? — Ai-je perdu mon temps quand je devais travailler ou faire des courses? — Ai-je rendu les choses trouvées? — N'ai-je pas brisé volontairement ce qui ne m'appartenait pas?

— N'ai-je pas manqué de réparer le tort que j'avais fait? — Ai-je aidé les autres à voler, ou leur ai-je conseillé de le faire? — Quand je n'ai pu voler une chose, n'en ai-je pas désiré l'occasion? — *(Combien de fois?)*

8°. Ai-je menti pour rire, pour m'excuser, moi ou les autres, pour nuire à leur réputation? — Ai-je fait commettre sans raison le mal qu'ils avaient commis? — Ne les ai-je pas engagés à ces mêmes péchés? —*(Combien de fois?)*

III. Sur les commandements de l'Église.

1er et 2e. (Voyez le troisième commandement de Dieu : ce sont les mêmes péchés pour les fêtes (1) que pour les dimanches.)

3e. (Je me suis examiné sur celui-là en commençant.)

4e. *Si vous avez déjà fait votre première communion, demandez-vous :* Ai-je manqué de faire cette année ma communion pascale?

(1) Parmi ces fêtes d'obligation, il y en a qui tombent toujours le dimanche, comme Pâques, Pentecôte, etc.; on fait donc un péché plus grave en manquant la messe ce jour-là. L'Ascension de J.-C. tombe toujours un jeudi.

Il y en a trois autres qui tombent le plus ordinairement un jour sur semaine, savoir : l'Assomption de la sainte Vierge, la Toussaint et la Noël.

— M'y étais-je bien préparé? — N'avais-je pas communié pour faire comme les autres, ou pour paraître pieux? — Quand j'ai fait cette sainte action, n'avais-je pas sur la conscience quelque péché mortel que je n'avais pas osé déclarer? Ne suis-je pas sorti de l'église aussitôt après avoir communié, au lieu de faire au moins un quart d'heure d'action de grâces? — (*Combien de fois?*)

5e et 6e. Les vendredis, les jours maigres du Carême, les jours des Quatre-Temps, des Vigiles, et pendant le Carême, n'ai-je pas mangé de la viande sans aucune permission, et cela sans aucune nécessité, par gourmandise, ou de crainte qu'on ne se moquât de moi? — (*Combien de fois?*)

Sur les Péchés capitaux.

Orgueil. — N'ai-je pas eu trop bonne opinion de moi-même? — Ne me suis-je pas préféré aux autres et ne les ai-je pas méprisés? — Ne me suis-je pas vanté de mes succès, de mes petits talents, etc.? — N'ai-je pas été entêté et ennemi de toute réprimande? — N'ai-je pas trop aimé la parure? — (*Combien de fois?*)

Avarice. N'ai-je pas aimé l'argent jusqu'au point d'être prêt à offenser Dieu pour m'en procurer? — N'ai-je pas refusé de faire l'aumême quand j'ai pu la faire ? — N'ai-je pas employé mon argent mal à propos ? — (*Combien de fois ?*)

Luxure. (Voir le 6e commandement de Dieu.)

Envie. N'ai-je pas été jaloux des autres, de ceux qui avaient plus de fortune, de talents, de meilleures places, de plus beaux habits que moi ? — N'ai-je pas été content quand mes camarades étaient grondés ou punis, ou qu'ils avaient quelque peine ? — (*Combien de fois ?*)

Gourmandise. N'ai-pas mangé ou bu avec excès jusqu'à m'incommoder ? — N'ai-je pas murmuré quand on me servait des choses qui n'étaient pas de mon goût ? — N'ai-je pas jeté le pain ou les mets qui ne me plaisaient pas, au lieu de les donner aux pauvres ? — N'ai-je pas employé à des gourmandises l'argent qui m'avait été donné pour me procurer les choses nécessaires ? — (*Combien de fois ?*)

Colère. — Ne me suis-pas mis en colère contre mes parents, contre mes frères et mes sœurs, contre mes maîtres et mes camarades, contre le mauvais temps, contre mon travail, etc. ? — (*Combien de fois ?*)

Paresse. — N'ai-je pas été paresseux pour faire ma prière, aller à la messe, me confesser ; pour me lever le matin, aller au travail, aider mes parents ? — N'ai-je pas engagé les autres à être paresseux ? — N'ai-je pas négligé, par paresse, la propreté et l'ordre sur ma personne ? — *(Combien de fois ?)*

Excitez-vous ensuite à la contrition, en considérant :

Les peines éternelles de l'enfer que vous avez méritées par vos péchés mortels ; — La passion et la mort de Jésus-Christ, causées par vos péchés : — Les grâces et les biens que vous avez reçus et que vous recevez tous les jours de Lui ; — La grandeur et la bonté infinie de Dieu, que vous avez offensé.

Formez ensuite la résolution la plus sincère d'éviter le péché, et appliquez-la en particulier aux péchés que vous commettez plus souvent et aux occasions de les commettre. Comprenez bien que, pour recevoir une bonne absolution, il est nécessaire que votre cœur déteste souverainement le péché et y renonce entièrement. Demandez instamment à Dieu la contrition ; récitez-en bien attentivement l'Acte, page 16, puis recommandez-vous à la Très Sainte Vierge, par la prière suivante :

« Très Sainte Vierge, mère de Dieu, refuge des pécheurs et mère de miséricorde, je vous supplie de m'obtenir le pardon de tous mes péchés et la grâce de ne plus les commettre. Ainsi soit-il. »

Approchez du confessionnal avec le recueillement, le silence, la modestie que vous auriez si Jésus-Christ, visiblement et en personne, était à la place du prêtre et que vous dussiez vous confesser à lui. Tenez-vous en sa présence dans les sentiments de confusion et de douleur d'un criminel devant son juge. Peut-on s'humilier assez, quand on a mérité l'enfer et qu'on cherche à obtenir sa grâce? Vous comprenez combien la dissipation serait déplacée alors.

Étant à genoux aux pieds du prêtre, faites le signe de la croix; puis, tenant vos yeux baissés et les mains jointes, dites : « Bénissez-moi, mon Père, parce que j'ai péché. » *Récitez le* Je confesse, etc., *jusqu'à* c'est ma faute *exclusivement; puis, accusez-vous de vos péchés, en suivant l'ordre indiqué dans l'*Examen. *Soyez bien sincère.*

Terminez votre confession par ces paroles : « Je m'accuse de tous les péchés que je viens « de déclarer et de tous ceux dont je ne me » souviens pas; j'en demande très-humble- « ment pardon à Dieu, et à vous, mon Père, « pénitence et absolution ou bénédiction. » *Achevez ensuite le* Je confesse, *en disant :*

C'est ma faute, etc. *Écoutez avez respect les avis du confesseur, acceptez la pénitence qui vous sera imposée. Si vous recevez l'absolution, inclinez-vous profondement, et faites, de tout votre cœur, l'*Acte de Contrition.

Après votre confession, ne manquez pas de remercier Dieu de la grâce qu'il vous a faite; rappelez-vous les avis du confesseur, et faites, le plus tôt possible, la pénitence qu'il vous a imposée.

RÉSOLUTION DE NE PLUS PÉCHER.

Mon Dieu, ce que vous venez de faire en ma faveur m'inspire une haine toute nouvelle pour le péché, et me fait prendre une nouvelle résolution de n'en plus commettre. Je vous conjure donc, ô mon Dieu ! d'augmenter en moi le désir que j'ai de changer de vie, et de fortifier par votre grâce la résolution où je suis de ne plus pécher. Donnez-moi, Seigneur, le courage de triompher de moi-même sur la terre, afin que je mérite de régner éternellement avec vous dans le ciel. Ainsi soit-il.

Souvenez-vous, ô Vierge toute pleine de bonté, etc. (page 50.)

EXERCICE POUR LA COMMUNION

AVIS AVANT LA COMMUNION.

Comme la communion est la plus sainte de toutes les actions de la vie, préparez-vous-y plusieurs jours à l'avance ; mettez plus d'application à vos devoirs, plus de piété dans vos prières ; évitez avec grand soin tout ce qui pourrait offenser le Dieu plein de bonté qui va bientôt se donner à vous.

La veille, tenez-vous dans un recueillement plus soutenu ; évitez les récréations trop dissipantes et les jeux trop bruyants ; faites quelque pieuse lecture relative à la communion et une visite au Saint Sacrement, et dites-vous souvent à vous-même, surtout le soir avant de vous endormir : « Oh ! quel bonheur ! demain je dois recevoir mon Dieu !... »

Le matin, dès que vous vous êtes éveillé, pensez à l'action sainte que vous allez faire ; jusqu'au moment d'aller à l'église, restez éloigné de tout ce qui pourrait vous distraire, et pour nourrir votre piété, faites de temps en temps en vous-même des actes de foi, d'humilité, de contrition, d'espérance, de désir et d'amour, ceux-ci, par exemple :

« O Jésus, fils unique de Dieu, c'est vrai-
« ment vous que je vais recevoir ?... Eh ! qui
« suis-je, ô mon Sauveur, pour que vous dai-
« gniez vous donnez à moi ?... Hélas ! j'ai
« commis contre vous beaucoup de péchés ;
« mais j'en ai une vive douleur, un vrai repen-
« tir, et j'en attends le pardon de votre bonté
« infinie, J'espère qu'après cette communion
« vous me ferez la grâce de ne plus vous offen-
« ser... O doux Jésus, mon souverain bien, je
« vous aime de tout mon cœur et par dessus
« tout chose !... Oh ! quand serez-vous tout à
« moi ? quand serai-je tout à vous ? qu'il me
« tarde de vous recevoir ! Hâtez, ô mon Sau-
« veur, hâtez cemoment si doux, si heureux ! »

Enfin, soyez rendu à l'église quelques moments avant que la messe commence ; assistez-y avec beaucoup de piété et de recueillement, et, quelques instants après l'élévation, lisez les actes suivants, en laissant pénétrer votre cœur des sentiments qu'ils expriment.

ACTE DE FOI.

Mon Dieu, je crois très fermement tout ce que vous avez révélé à votre Église, et en particulier, que le corps, le sang, l'âme et la divinité de notre Seigneur Jésus-Christ, votre fils, sont réellement contenus au très-saint Sacrement de l'autel.

ACTE D'ADORATION.

Divin Jésus, fils unique de Dieu, je vous adore dans cet auguste sacrement, vous reconnaissant pour mon Seigneur et mon Dieu ; je m'unis aux adorations que les anges et les saints vous rendent dans le ciel, et tous les fidèles sur la terre.

ACTE DE CONTRITION.

Seigneur, mes péchés me rendent indigne, non-seulement de vous recevoir, mais même de me présenter devant votre adorable Majesté. Bonté infinie, j'ai une très grande douleur de vous avoir offensé ; faites-moi la grâce de mourir plutôt que d'y retomber jamais.

ACTE D'HUMILITÉ.

Hélas ! mon Dieu, que suis-je pour que vous daigniez venir à moi ? Je ne suis qu'un ver de terre, une vile créature, un misérable pécheur, qui ai mérité tant de fois d'être jeté dans l'enfer ; cependant, divin Sauveur, votre miséricorde infinie veut avoir compassion de ma misère !...

ACTE DE CONFIANCE.

Je mets donc toute ma confiance en votre bonté, ô doux Jésus ! J'espère que vous me ferez miséricorde, et qu'en recevant votre corps sacré et votre précieux sang, j'obtiendrai la grâce d'observer désormais si fidèlement vos saints et adorables commandements, que le démon, la chair et le monde ne seront pas capables de m'en détourner.

ACTE D'AMOUR.

Seigneur, vous voulez servir d'aliment aux hommes dans cet auguste Sacrement ! Bonté ineffable ! aimable Jésus ! je vous aime de tout mon cœur, je vous aime plus que toutes les créatures ; faites que je demeure toujours uni à vous par une charité parfaite, et augmentez chaque jour cet amour dans mon âme, jusqu'à ce que je vous possède pleinement dans le Ciel.

ACTE D'OFFRANDE

Mon Dieu, je vous offre ma communion, pour toutes les fins pour lesquelles vous avez institué cet auguste sacrement. Je vous l'offre pour tous les besoins de l'Église, pour le repos des âmes qui souffrent dans le purgatoire, et pour obtenir de votre bonté la grâce de me corriger de mes fautes, de m'avancer dans votre saint amour et dans toutes les vertus chrétiennes.

UN MOMENT AVANT LA COMMUNION

Venez à moi, Dieu de bonté et de miséricorde; venez, l'époux de mon âme; venez, mon roi, prendre possession de mon cœur. Souverain médecin, venez guérir toutes mes infirmités; venez, soleil de justice, dissiper les ténèbres de mon esprit et échauffer mon cœur; venez, source d'eau vive, étancher ma soif et apaiser mes désirs.

Lorsque le prêtre dit : Domine, non sum dignus, *dites intérieurement :*

« D'où me vient ce bonheur, que mon Dieu
» daigne me visiter ? Ah ! Seigneur, je ne suis
» pas digne de vous recevoir ; mais dites seule-
» ment une parole et mon âme sera guérie. »

AVIS APRÈS LA COMMUNION

Après la communion, retirez-vous de la sainte table, pénétré d'un très profond respect pour N.-S. Jésus-Christ, qui repose sur votre cœur ; demeurez quelques instants recueilli et en silence, pour adorer sa Majesté souveraine, et admirer la bonté ineffable avec laquelle il vient de vous nourrir de sa chair divine, et de vous abreuver de son sang très précieux. Après cela, dites avec toute la ferveur de votre âme :

ACTE D'ADORATION

Divin Jésus, mon Dieu, mon créateur et mon Sauveur, je vous adore avec un très profond respect ; c'est maintenant que vous êtes le Dieu de mon cœur, puisque j'ai le bonheur de vous posséder. Je souhaite que toutes les créatures s'unissent à moi pour vous adorer comme leur souverain Seigneur.

ACTE DE REMERCÎMENT

O bonté infinie ! comment pourrais-je reconnaître la grâce incomparable que vous venez de me faire, en vous donnant à votre pauvre serviteur ? Je vous en rends, mon Dieu, de très humbles actions de grâces ; que tous les saints et les esprits bienheureux vous en louent, et qu'ils bénissent éternellement votre saint nom !

ACTE D'AMOUR.

Aimable Jésus, je vous aime de tout mon cœur, et, pour suppléer à la faiblesse de mon amour, je vous offre celui que votre sainte

Mère et tous vos fidèles serviteurs vous portent; ne souffrez pas que jamais rien soit capable de me séparer de vous.

ACTE D'OFFRANDE.

Père éternel, acceptez l'offrande que Notre-Seigneur Jésus-Christ, votre fils, vous fait maintenant de lui-même dans mon cœur, pour mon salut. Je vous offre avec lui tout ce que je suis ; disposez de moi selon votre bon plaisir, dans le temps et dans l'éternité.

ACTE DE DEMANDE

Divin Jésus, qui avez institué ce grand sacrement pour nous faire part de votre esprit et de vos vertus, je vous conjure, par le gage de mon salut, que je viens de recevoir, de me faire la grâce de vous imiter parfaitement dans toutes les actions de ma vie, d'accomplir fidèlement vos saints commandements, de faire en toutes choses votre adorable volonté, d'avancer dans la vertu, en me corrigeant de telle ou telle... mauvaise habitude... (*Songez ici quel est le péché dans lequel vous tombez le plus souvent*), de souffrir avec patience, pour l'amour de vous, toutes les peines qui m'arriveront, et surtout de n'être jamais si malheureux que d'être séparé de vous par le péché mortel. Je vous demande la même grâce pour tous mes parents et amis, et généralement pour tous les fidèles. Secourez-nous, mon Dieu, dans nos afflictions, nos tentations et nos affaires ; répandez vos grâces et vos bénédictions sur toute votre Église, et en particulier sur notre saint père le Pape N... et tous les Pasteurs. Donnez, Seigneur, le repos éternel aux âmes des fidèles qui souffrent dans le Purgatoire, afin que dans le Ciel et sur la terre, vous soyez loué, béni et adoré. Ainsi soit-il.

Après ces actes, dites dévotement l'oraison suivante devant un crucifix. (Il y en a toujours un au-dessus de l'autel) :

ORAISON EN L'HONNEUR DES CINQ PLAIES DE N.-S.

O bon et très doux Jésus ! me voici prosterné à genoux en votre présence, vous priant et vous conjurant, avec toute la ferveur de mon âme, de daigner graver dans mon cœur de vifs sentiments de foi, d'espérance et de charité, un vrai repentir de mes égarements et une volonté très ferme de m'en corriger, pendant que je considère en moi-même et que je contemple en esprit vos cinq plaies, avec une grande affection et une vive douleur, ayant devant les yeux ce que le saint roi David annonçait déjà par ces paroles prophétiques :

« Ils ont percé mes mains et mes pieds, ils ont » compté tous mes os (1). »

Vous pourrez ajouter : « Loué et remercié » soit à chaque moment le très saint et très » divin Sacrement de l'autel (2). »

Votre action de grâces après la communion doit durer au moins un quart d'heure ; ce serait une irrévérence et une sorte d'ingratitude envers J.-C., de sortir de l'église presque aussitôt après l'avoir reçu. Si les prières qui précèdent ne suffisent pas pour vous occuper le temps nécessaire, prolongez votre action de grâces en priant pour vos parents et amis vivants ou morts, ou pour vos propres besoins ; repassez en vous-même vos bonnes résolutions et les sentiments pieux dont vous avez été le plus touché.

Prières à la Très Sainte Vierge.

Souvenez-vous, ô Vierge toute pleine de bonté ! qu'on n'a jamais entendu dire qu'aucun

(1) Les Souverains Pontifes ont attaché à cette oraison, récitée après la communion, une indulgence *plénière* pour soi ou pour les morts et, dans ce dernier cas, la délivrance d'une âme du Purgatoire ; mais il faut prier aux intentions de Notre Saint-Père le Pape ; réciter par exemple, cinq *Pater* et cinq *Ave*.

(2) En disant dévotement ces paroles, on gagne cent jours d'indulgence (Pie VII).

de ceux qui se sont mis sous votre protection, qui ont réclamé votre intercession et imploré votre secours aient été abandonnés. Animé de la même confiance, ô Vierge des vierges, ô ma Mère! j'accours me réfugier auprès de vous; et, gémissant sous le poids de mes péchés, je me prosterne à vos pieds. O Mère de mon Dieu! ne rejetez pas ma prière, mais soyez-moi propice et daignez l'exaucer. Ainsi soit-il.

O ma Souveraine! ô ma Mère! je m'offre tout à vous; et pour vous prouver mon dévouement, je vous consacre, aujourd'hui, mes yeux; mes oreilles, ma bouche, mon cœur, tout moi-même, puisque je vous appartiens, ô ma bonne mère, gardez-moi, défendez-moi comme votre bien et votre propriété.

Aspiration dans les tentations.

O ma Souveraine! ô ma Mère! souvenez-vous que je vous appartiens; gardez-moi, comme votre bien et votre propriété.

Prière à Saint Joseph.

O Saint Joseph! Père et protecteur des vierges, gardien fidèle à qui Dieu confia Jésus, l'innocence même, et Marie, la vierge des vierges; ah! je vous en supplie, je vous en conjure, par Jésus et Marie, par ce double dépôt qui vous fut si cher, faites que, préservé de toute souillure, pur de cœur et chaste de corps, je serve constamment Jésus et Marie dans une chasteté parfaite. Ainsi soit-il. — *Cent jours d'indulgence.*

(S. S. Pie IX, 3 février 1863.)

Jésus, Marie, Joseph, je vous donne mon cœur, mon esprit et ma vie !

Jésus, Marie, Joseph, assistez-moi dans ma dernière agonie !

Jésus, Marie, Joseph, faites que j'expire paisiblement dans votre sainte compagnie !

Cent jours d'indulgence sont attachés à chacune des invocations précédentes, chaque fois qu'on la récite.

(Pie VII, 23 avril 1807).

PSAUME 129.

De profundis clamavit ad te, Domine : Domine exaudi vocem meam.

Fiant aures tuæ intendentes in vocem deprecationis meæ.

Si iniquitates observaveris, Domine : Domine, qui sustinebit ?

Quia apud te propitiatio est : et propter legem tuam sustinui te, Domine.

Sustinuit anima mea in verbo ejus : speravit anima mea in Domino.

A custodia matutina usque ad noctem, speret Israel in Domino.

Quia apud Dominum misericordia, et copiosa apud eum redemptio.

Et ipse redimet Israel, ex omnibus iniquitatibus ejus.

ORBMUS.

Fidelium, Deus, omnium Conditor et Redemptor, animabus famulorum, famulorumque tuarum remissionem cunctorum tribue peccatorum : ut indulgentiam, quam semper optaverunt piis supplicationibus consequantur. Qui vivis et regnas in sæcula sæculorum. ℟. Amen.

℣. Requiem æternam dona ei (ou *eis*), Domine.

℟. Et lux perpetua luceat ei (ou *eis*).

℣. Requiescat (*ou* Requiescant) in pace.

℟. Amen.

PRIÈRE POUR LA VISITE AU SAINT SACREMENT

Me voici, mon Sauveur et mon Dieu, au pied de cet autel où vous résidez jour et nuit pour moi : vous êtes la source de tous les biens, le médecin de tous les maux, la force de tous les faibles ; voici le plus infirme de tous à vos pieds, qui vient implorer votre miséricorde ; daignez avoir pitié de moi. Non, quelque misérable que je sois, je ne me laisserai point abattre et décourager par la vue de mes misères, en vous voyant résider sans cesse dans ce Sacrement adorable, uniquement pour me faire du bien et m'accorder vos faveurs.

Je vous adore, je vous bénis, je vous aime, ô mon divin bienfaiteur ! Et si vous permettez que je sollicite de votre cœur par quelque demande, voici celle que j'ose vous faire : accordez-moi la grâce, la grande grâce de ne plus vous offenser, et celle de vous aimer de toute l'étendue de mon cœur ! Oui, Seigneur, je veux vous aimer de toute mon âme et de toute l'ardeur de mes affections. Faites, Dieu de bonté, qu'en vous le disant, je le dise en effet du fond de mon cœur, que je le dise sincèrement durant tout le cours de ma vie, pour le dire plus parfaitement durant toute l'éternité. Anges du ciel, glorieux Séraphins, Chérubins enflammés d'amour, aidez-moi à aimer un Dieu infiniment aimable.

ORAISON JACULATOIRE.

O bon Pasteur ! ô le vrai pain de vie ! ayez pitié de nous.

COMMUNION SPIRITUELLE.

O Jésus ! je vous crois et je vous adore réellement présent dans le Saint Sacrement, je vous aime, je vous désire; venez dans mon cœur, je m'unis à vous, ne vous séparez jamais de moi.

FORMULE DES CONGRÉGANISTES

« Très-Sainte Marie, conçue sans péché, » Mère de Dieu et toujours vierge, moi (*nom et » prénom*), je vous choisis aujourd'hui pour » ma Mère, ma Protectrice et ma Souveraine. » Je promets fermement de ne jamais aban- » donner votre service, de ne jamais rien dire » ni faire qui soit contre votre honneur, et de » ne point permettre qu'en tout ce qui dépen- » dra de moi, on vous offense jamais en rien. » Je vous supplie donc très humblement qu'il » vous plaise me recevoir pour votre fidèle » serviteur. Assistez-moi dans toutes mes ac- » tions, et ne m'abandonnez pas à l'heure de » la mort. Ainsi soit-il. »

FORMULE DES SOCIÉTAIRES

Bienheureux saint Joseph, aimable époux de la Vierge Marie et père nourricier de Jésus, ô notre puissant protecteur et notre médiateur fidèle, nous venons former avec vous un pacte indissoluble d'alliance et d'amour. Continuez à nous montrer une tendresse égale à celle dont une mère entoure son enfant encore au berceau; relevez-nous dans nos abattements, visitez-nous dans nos désolations ; nous vous ouvrons tous l'entrée de notre cœur, afin que vous vous hâtiez d'en prendre une pleine et entière possession. Nous vous consacrons notre âme et notre corps, nos facultés et nos sens, toute notre existence. Gravez en nous l'image de vos perfections propres, dégagez-nous de toute fascination vaine ou coupable, de tout désir bas ou déréglé, de toute ambition et de tout respect humain, de toute paresse et de tout désordre. Enseignez-nous l'art sublime de trouver comme vous, au milieu des occupations les plus modestes et les plus assujettissantes, la vraie liberté des enfants de Dieu, le secret d'une charité aussi fraternelle que généreuse, la grâce d'honorer fidèlement la Très-Sainte Vierge, au service de laquelle nous nous dévouons fermement aujourd'hui, sous votre auguste patronage.

Oui, nous voulons à jamais, ô notre glorieux Père, chérir en votre cœur, les divins cœurs de Jésus et de Marie, vous aimer en Jésus et en Marie ; accordez-nous de mourir, penchés sur votre sein, en prononçant ces doux noms, gages de la victoire : Jésus, Marie, Joseph. Ainsi soit-il.

FORMULE DES AGRÉGÉS

Ardents Chérubins, Séraphins resplendissants, Trônes de la majesté divine, Dominations qui distribuez les fonctions angéliques, Vertus qui concourez aux merveilles de la grâce, Puissances qui avez si bien combattu contre les esprits rebelles, Principautés qui défendez l'Église et les Empires, Archanges messagers des grands mystères, Anges exécuteurs fidèles des volontés du Très-Haut ; vous tous Esprits célestes qui contempliez avec admiration notre divin Sauveur, ouvrier comme nous pendant sa vie terrestre, et vous surtout à qui les admirables dispositions de la Providence ont confié le tendre soin de nous garder et de nous protéger, de nous éclairer et de nous embraser, de nous fortifier et de nous guider ; Saint Anges, nous vous consacrons aujourd'hui notre corps et notre âme, tout ce que nous sommes et tout ce que nous pouvons. Apprenez-nous à acquérir les humbles et solides vertus qui brillèrent à Nazareth dans l'intérieur de la sainte Famille, rendez-nous digne d'être adoptés par elle, de devenir vraiment les frères de Jésus, les enfants de Joseph et de Marie. Mais pour cela, ô bons Anges, que nous voulons aimer et implorer, glorifier et imiter désormais, préservez-nous des embûches du démon, des séductions du monde, de l'ardeur des passions, de l'atteinte du péché et de la flétrissure du vice. Daignez aussi nous rendre forts par la Foi, l'Espérance et la Charité, nous aider dans nos combats et dans nos peines, nous soutenir lors de notre agonie, et porter enfin notre âme dans le sein de Dieu. Ainsi soit-il.

Manière de répondre à la Sainte Messe

Le Prêtre. Introibo ad altare Dei.

Le Clerc. Ad Deum qui lætificat juventutem meam.

Le Prêtre. Judica me, Deus, et discerne causam meam de gente non sancta ; ab homine iniquo et doloso erue me.

Le Clerc. Quia tu es, Deus, fortitudo mea ; quare me repulisti, et quare tristis incedo, dum affligit me inimicus ?

Le Prêtre. Emitte lucem tuam... et in tabernacula tua.

Le Clerc. Et introibo ad altare Dei, ad Deum qui lætificat juventutem meam.

Le Prêtre. Confitebor tibi in cithara... et quare conturbas me ?

Le Clerc. Spera in Deo, quoniam adhuc confitebor illi : salutare vultus mei, et Deus meus.

Le Prêtre. Gloria Patri, et Filio, et Spiritui Sancto.

Le Clerc. Sicut erat in principio, et nunc et semper, et in sæcula sæculorum. Amen.

Le Prêtre. Introibo ad altare Dei.

Le Clerc. Ad Deum qui lætificat juventutem meam.

Le Prêtre. Adjutorium nostrum in nomine, Domini.

Le Clerc. Qui fecit cœlum et terram.

Le Prêtre. Confiteor Deo, etc.

Le Clerc. Misereatur tui omnipotens Deus, et dimissis peccatis tuis perducat te, ad vitam æternam.

Le Prêtre. Amen.

Le Clerc (*incliné profondément*). Confiteor Dei omnipotenti, beatæ Mariæ semper Virgini, beato Michæli Archangelo, beato Joanni Baptistæ, sanctis Apostolis Petro et Paulo, omnibus Sanctis, et tibi, Pater, quia peccavi nimis, cogitatione, verbo et opere: mea culpa, mea culpa, mea maxima culpa. Ideo precor beatam Mariam semper virginem, beatum Michælem Archangelum, beatum Joannem Baptistam, sanctos Apostolos Petrum et Paulum, omnes Sanctos, et te, Pater, orare pro me ad Dominum Deum nostrum.

Le Prêtre. Misereatur vestri, etc.

Le Clerc. Amen.

Le Prêtre. Indulgentiam, etc.

Le Clerc. Amen.

Le Prêtre. Deus, tu conversus, vivificabis nos.

Le Clerc. Et plebs tua lætabitur in te.

Le Prêtre. Ostende nobis, Domine, misericordiam tuam.

Le Clerc. Et salutare tuum da nobis.

Le Prêtre. Domine, exaudi orationem meam.

Le Clerc. Et clamor meus ad te veniat.

Le Prêtre. Dominus vobiscum.

Le Clerc. Et cum spiritu tuo.

Le Prêtre. Kyrie eleison.

Le Clerc. Kyrie eleison.

Le Prêtre. Kyrie eleison.

Le Clerc. Christe eleison.

Le Prêtre. Christe eleison.

Le Clerc. Christe eleison.

Le Prêtre. Kyrie eleison.

Le Clerc. Kyrie eleison.

Le Prêtre. Kyrie eleison.

Le Prêtre. Dominus vobiscum.

Le Clerc. Et cum spiritu tuo.

A LA FIN DE LA COLLECTE.

Le Prêtre. Per omnia sæcula sæculorum.

Le Clerc. Amen.

A LA FIN DE L'ÉPITRE.

Le Clerc. Deo gratias. (*Se lève, transporte le livre à gauche*).

A L'ÉVANGILE.

Le Prêtre. Sequentia sancti Evangeli secundum N.

Le Clerc. Gloria tibi, Domine. (*Il revient à droite, et se tient debout.*)

A LA FIN DE L'ÉVANGILE

Le Clerc. Laus tibi, Christe.

(*Quand le Prêtre découvre le calice, le servant prend l'eau et le vin, les présente au Prêtre, puis lui verse de l'eau sur les doigts*).

Le Prêtre. Orate, fratres, etc.

Le Clerc. Suscipiat Dominus sacrificium de manibus tuis ad laudem et gloriam nominis sui, ad utilitatem quoque nostram, totiusque Ecclesiæ suæ sanctæ.

A LA PRÉFACE

Le Prêtre. Per omnia sæcula sæculorum.

Le Clerc. Amen.

Le Prêtre. Dominus vobiscum.

Le Clerc. Et cum spiritu tuo.

Le Prêtre. Sursum corda.

Le Clerc. Habemus ad Dominum.

Le Prêtre. Gratias agamus Domino Deo nostro.

Le Clerc. Dignum et justum est.

AU SANCTUS

(*Il sonne trois coups, et allume un cierge, si c'est l'usage*).

A L'ÉLÉVATION

(Le Prêtre s'essuie l'extrémité des doigts, le servant sonne légèrement et va s'agenouiller près de lui. A chaque génuflexion du Prêtre, le servant sonne un roulement; à l'élévation de la sainte hostie, il tinte trois fois, ainsi qu'à celle du calice).

A LA PETITE ÉLÉVATION

(Il tinte légèrement).

AU PATER

Le Prêtre. Per omnia sœcula sæculorum.
Le Clerc. Amen.
Le Prêtre.... Et ne nos inducas in tentationem.
Le Clerc. Sed libera nos a malo.
Le Prêtre. Per omnia sæcula sæculorum.
Le Clerc. Amen.
Le Prêtre. Pax domini sit semper vobiscum.
Le Clerc. Et cum spiritu tuo.

A LA COMMUNION

(Quand le Prêtre découvre le calice, le servant se rend du côté de l'épître; quand le Prêtre fait le signe de la croix avec le calice, le servant, profondémemt incliné, dit le Confiteor, *s'il y a des communions, et il accompagne le Prêtre avec le cierge. — Quand la communion est donnée, il verse le vin et l'eau dans le calice, transporte le livre de gauche à droite, et se met à genoux à gauche).*

AUX DERNIÈRES ORAISONS

Le Prêtre. Dominus vobiscum.

Le Clerc. Et cum spiritu tuo.

Le Prêtre. Per omnia sæcula sæculorum.

Le Clerc. Amen.

Le Prêtre. Dominus vobiscum.

Le Clerc. Et cum spiritu tuo.

Le Prêtre. Ite, missa est, *ou* Benedicamus Domino.

Le Clerc. Deo gratias. (*Aux messes en noir, le Prêtre dit :* Requiescant in pace. — *Le Clerc :* Amen.)

Le Prêtre. Benedicat vos omnipotens Deus.

Le Clerc. Amen.

Le Prêtre. Dominus vobiscum.

Le Clerc. Et cum spiritu tuo.

Le Prêtre. Initium sancti Evangelii secundum Joannem.

Le Clerc. Gloria tibi Domine.

A la fin du dernier Evangile : Deo gratias.

(*Après les dernières oraisons, si le Prêtre laisse le livre ouvert, le servant le transporte du côté de l'Evangile.*)

LA SAINTE MESSE

C'est en votre nom, adorable Trinité, c'est pour vous rendre l'honneur et les hommages qui vous sont dus, que j'assiste au très saint et très auguste sacrifice.

Permettez-moi, divin Sauveur, de m'unir d'intention au ministre de vos autels, pour offrir la précieuse victime de mon salut, et donnez-moi les sentiments que j'aurais dû avoir sur le Calvaire, si j'avais assisté au sacrifice sanglant de votre Passion.

O Dieu, qui, pour la rédemption du monde, avez bien voulu être circoncis, rejeté par les Juifs, livré par le baiser du perfide Judas, chargé de chaines, conduit au sacrifice comme un innocent agneau, être honteusement trainé devant Anne, Caïphe, Pilate et Hérode, accusé par de faux témoins ; qui avez souffert les fouets, les opprobres, les crachats ; qui avez voulu être couronné d'épines, souffleté, frappé avec un roseau ; qui vous êtes laissé voiler le visage, dépouiller de vos vêtements, attacher par des clous et élever sur une croix ; qui avez voulu être confondu avec des voleurs; abreuvé de fiel et de vinaigre, blessé par la lance ; daignez, ô mon Seigneur ! par ces cruels tourments, que je repasse en ma mémoire tout indigne que j'en suis, et par votre sainte mort, me délivrer des peines de l'enfer, et m'accorder, en vertu de ce sacrifice, la rémission de mes péchés, l'augmentation de la grâce et la félicité éternelle.

CONFITEOR.

Repassez, dans l'amertume de votre cœur, les péchés que vous avez commis ; rappelez en gros ceux qui vous humilient davantage. Exposez à Dieu vos faiblesses ; priez-le qu'il vous les pardonne.

Je m'accuse devant vous, ô mon Dieu ! de tous les péchés dont je suis coupable ; je m'en accuse en présence de Marie, la plus pure de toutes les vierges, de tous les saints et de tous les fidèles, parce que j'ai péché en pensées, en paroles, en actions, en omissions, par ma faute, oui, par ma faute, par ma très grande faute. C'est pourquoi je conjure la très sainte Vierge et tous les saints d'intercéder pour moi.

Seigneur, écoutez favorablement ma prière,

et accordez-moi l'indulgence, l'absolution et la rémission de tous mes péchés.

KYRIE ELEISON.

Kyrie eleison, Kyrie eleison, Kyrie eleison.
Christe eleison, Christe eleison, Christe eleison.
Kyrie eleison, Kyrie eleison, Kyrie eleison,

Entretenez-vous dans un doux sentiment de confiance en la bonté de Dieu qui, pour gage de sa miséricorde et de son pardon, vous offre son propre Fils.

Divin créateur de nos âmes, ayez pitié de l'ouvrage de vos mains ; Père miséricordieux, faites miséricorde à vos enfants.

Auteur de notre salut, immolé pour nous, appliquez-nous les mérites de votre mort et de votre précieux sang.

Aimable Sauveur, ayez compassion de nos misères, pardonnez-nous nos péchés.

GLORIA IN EXCELSIS.

Concevez un grand désir de procurer à Dieu toute la gloire, et au prochain tout le bien que vous pourrez. Réjouissez-vous avec les anges de la part que vous avez à la connaissance des saints mystères; remplissez-vous des hautes et magnifiques idées de la majesté de Dieu et de Jésus-Christ son Fils.

Gloria in excelsis Deo, et in terra pax hominibus bonæ voluntatis.

Laudamus te.

Benedicimus te.

Adoramus te.

Glorificamus te.

Gratias agimus tibi, propter magnam gloriam tuam.

Domine Deus, Rex cœlestis, Deus Pater omnipotens;

Domine Fili unigenite, Jesu Christe.

Domine Deus, Agnus Dei, Filius Patris;

Qui tollis peccata mundi, miserere nobis.

Qui tollis peccata mundi, suscipe deprecationem nostram

Qui sedes ad dexteram Patris, miserere nobis.

Quoniam tu solus Sanctus;

Tu solus Dominus;

Tu solus Altissimus, Jesu Christe;

Cum Sancto Spiritu, in gloria Dei Patris. Amen.

Gloire à Dieu au plus haut des cieux, et paix sur la terre aux hommes de bonne volonté. Nous vous louons. Nous vous bénissons. Nous vous adorons. Nous vous glorifions. Nous vous rendons grâces en vue de votre gloire infinie O Seigneur Dieu, roi du ciel, ô Dieu, Père tout-puissant! O Seigneur Fils unique de Dieu, Jésus-Christ! O Seigneur Dieu, Agneau de Dieu, Fils du Père! O vous qui effacez les péchés du monde, ayez pitié de nous! O vous qui effacez les péchés du monde, recevez notre prière! O vous qui êtes assis à la droite du Père ayez pitié de nous: car vous êtes le seul Saint, le seul Seigneur, le seul Très-Haut, Jésus-Christ, avec le Saint-Esprit, en la gloire de Dieu le Père. Ainsi soit-il.

ORAISON.

O très clément et très miséricordieux Jésus; ayez pitié de votre Église, ayez pitié de notre patrie; ayez pitié de nous tous, enfants voués au travail et déjà livrés aux dangers du monde, accordez-nous, Seigneur, une foi vive, une espérance ferme, une charité sincère et universelle, une humilité profonde et une pureté angélique; accordez-nous à tous de nous réformer, de vous craindre, de vous servir fidèlement, et de vous aimer pardessus toutes choses. Je recommande à votre bonté tous nos travaux et toutes nos nécessités; ayez pitié de tous les hommes, pour lesquels vous avez répandu votre sang adorable. Ah! je vous en conjure, convertissez et faites revivre à la grâce les pauvres pécheurs. Donnez aux vivants le pardon et la grâce, et aux fidèles défunts le repos et la lumière éternelle.

ÉPITRE.

Transportez-vous en esprit au temps des patriarches et des prophètes qui soupiraient après le Messie. Entrez dans leur empressement; formez leurs désirs, prenez les sentiments qu'ils eurent alors. Vous attendez le même Sauveur, et plus heureux qu'eux, vous êtes tout près de lui.

Mon Dieu, qui m'avez appelé à la connaissance de votre sainte loi, préférablement à tant de peuples qui vivent dans l'ignorance de vos mystères; je l'accepte de tout mon cœur, cette divine loi, et j'écoute avec respect les oracles sacrés que vous avez prononcés par la bouche de vos prophètes; je les révère avec toute la soumission qui est due à la parole d'un Dieu et j'en vois l'accomplissement avec toute la joie de mon âme.

Que n'ai-je pour vous, ô mon Dieu! un cœur semblable à celui des saints de votre Ancien Testament! Que ne puis-je vous désirer avec l'ardeur des patriarches, vous connaître et vous révérer comme les prophètes, vous aimer et m'attacher uniquement à vous comme les apôtres!

ÉVANGILE.

Regardez l'Évangile que vous allez entendre comme la règle de votre foi et de vos mœurs; règle que Jésus-Christ lui-même vous a adressée, et que vous avez promis de suivre par les engagements du baptême; règle que vous observez mal, et sur laquelle vous serez jugé sans adoucissement et sans appel.

Louange, honneur, et gloire à vous, ô Jésus! Sauveur du monde, qui avez supporté tant de travaux, lorsque, pour sauver les âmes, vous vous fatiguiez à les chercher, vous passiez les nuits en prières, vous alliez de région en région, de ville en ville. Je vous en conjure, que votre amour me rende agile et prompt à toute sorte de bien, et que jamais je ne sois nonchalant à votre service. Donnez-moi l'intelligence et la pratique des maximes de salut contenues dans l'Évangile que vous êtes venu annoncer sur la terre. Faites surtout que je comprenne la sagesse cachée sous ces paroles qui en font l'essence : « Si quelqu'un veut venir après moi, qu'il porte sa croix chaque jour et qu'il me suive. Prenez mon joug sur vous et apprenez de moi que je suis doux et humble de cœur, et vous trouverez le repos de vos âmes. Que sert à l'homme de gagner l'univers, s'il vient à perdre son âme ? Bienheureux sont les pauvres d'esprit. Bienheureux ceux qui sont doux. Bienheureux ceux qui pleurent. Bienheureux ceux qui ont faim et soif de la justice. Bienheureux ceux qui ont le cœur pur. Vous aimerez le Seigneur votre Dieu de tout votre cœur, de tout votre esprit, de toute votre âme, et de toutes vos forces. Mon commandement est que vous vous aimiez les uns les autres comme je vous ai aimés. »

CREDO.

Affermissez ici votre foi. Tout ce que l'Église vous propose de croire est fondé sur la parole de Dieu, annoncée par les prophètes, révélée dans les Écritures, attestée par les miracles, vérifiée dans l'établissement de la foi, confirmée par les martyrs, et rendue sensible par la sainteté de notre religion et par le solide consentement de ceux qui la professent avec fidélité.

Je crois en un seul Dieu, Père tout puissant, qui a fait le ciel et la terre, et toutes les choses, visibles et invisibles : et un seul Seigneur, Jésus-Christ, Fils unique de Dieu, et né du Père avant tous les siècles ; Dieu de Dieu, lumière de lumière, vrai Dieu du vrai Dieu ; qui n'a pas été fait mais engendré ; qui n'a qu'une même substance que le Père, et par qui toutes choses ont été faites ; qui est descendu des cieux pour nous hommes misérables, et pour notre salut ; qui a pris un corps dans le sein de la Vierge Marie par l'opération du Saint-Esprit, et QUI S'EST FAIT HOMME ; qui a aussi été crucifié pour nous sous Ponce-Pilate : qui a souffert, et qui a été mis au tombeau ; qui est ressuscité le troisième jour, selon les Ecritures ; qui est monté au ciel ; qui est assis à la droite du Père ; qui viendra de nouveau plein de gloire pour juger les vivants et les morts, et dont le règne n'aura point de fin. Je crois au Saint-Esprit, aussi Seigneur, et qui donne la vie : qui procède du Père et du Fils ; qui est adoré et glorifié conjointement

Credo in unum Deum Patrem omnipotentem, factorem cœli et terræ, visibilium omnium et invisibilium.

Et in unum Dominum Jesum Christum, Filium Dei unigenitum.

Et ex Patre natum ante omnia sæcula.

Deum de Deo, lumen de lumine, Deum verum de Deo vero.

Genitum, non factum, consubstantialem Patri, per quem omnia facta sunt ;

Qui propter nos homines et propter nostram salutem descendit de cœlis ;

Et incarnatus est de Spiritu Sancto ex Maria Virgine. ET HOMO FACTUS EST ;

Crucifixus etiam pro nobis sub Pontio Pilato, passus et sepultus est ;

Et resurrexit tertia die secundum Scripturas ;

Et ascendit in cœlum, sedet ad dexteram Patris ;

Et iterum venturus est cum gloria judicare vivos et mortuos ; cujus regni non erit finis.

Et in Spiritum Sanctum Dominum, et vivificantem : qui ex Patre Filioque procedit ;

avec le Père et le Fils; qui a parlé par les prophètes. Je crois l'Eglise qui est une, sainte, catholique et apostolique. Je confesse un baptême pour la rémission des péchés; et j'attends la resurrection des morts et la vie éternelle.

Ainsi soit-il.

Qui cum Patre et Filio simul adoratur, et conglorificatur ; qui locutus est per prophetas.

Et unam, sanctam, catholicam et apostolicam Ecclesiam.

Confiteor unum baptisma in remissionem peccatorum.

Et expecto resurrectionem mortuorum, et vitam venturi sæculi.

Amen.

OFFERTOIRE.

Songez au bonheur inconcevable que vous avez de trouver dans ce sacrifice de quoi honorer parfaitement Dieu, le remercier d'une manière qui égale ses dons, effacer entièrement vos péchés, et obtenir, tant pour vous que pour les autres, toutes les grâces dont vous avez besoin ; et mettez à profit tous les précieux moments de cet inestimable bonheur.

Père infiniment saint, Dieu tout puissant et éternel, quelque indigne que je sois de paraitre devant vous, j'ose vous présenter cette hostie par les mains du prêtre, avec l'intention qu'a eue Jésus-Christ, mon Sauveur, lorsqu'il a institué ce sacrifice, et qu'il a encore au moment qu'il s'immole ici pour moi.

Je vous l'offre pour reconnaitre votre souverain domaine sur moi et sur toutes les créatures ; je vous l'offre pour l'expiation de mes péchés, et en actions de grâces de tous les bienfaits dont vous m'avez comblé. Je vous l'offre enfin, mon Dieu, cet auguste sacrifice, afin d'obtenir de votre infinie bonté, pour moi, mes parents, mes bienfaiteurs, mes amis et mes ennemis, ces grâces précieuses de salut qui ne peuvent nous être accordées qu'en vue des mérites de Celui qui est le Juste par excellence, et qui s'est fait victime de propitiation pour tous.

Mais en vous offrant cette adorable victime, je vous recommande, ô mon Dieu! toute l'Église catholique, notre Saint-Père le Pape, notre archevêque, tous les pasteurs des âmes et tous les peuples qui croient en vous.

Souvenez-vous aussi, Seigneur, des fidèles trépassés; et, en considération des mérites de votre Fils, donnez-leur un lieu de rafraîchissement, de lumière et de paix.

N'oubliez pas, mon Dieu, vos ennemis et les miens; ayez pitié de tous les infidèles, des hérétiques et de tous les pécheurs. Comblez de bénédictions ceux qui me persécutent, et pardonnez-moi mes péchés comme je leur pardonne tout le mal qu'ils me font ou qu'ils voudraient me faire. Ainsi soit-il.

PRÉFACE

Élevez-vous en esprit dans le ciel jusqu'au pied du

trône de la Divinité : là, pénétré d'une sainte et respectueuse crainte, à la vue de cette éclatante majesté, rendez-lui vos hommages, et mêlez vos louanges aux célestes cantiques des anges et des chérubins qui l'environnent.

Voici l'heureux moment où le roi des anges et des hommes va paraître ; Seigneur, remplissez-moi de votre esprit ; que mon cœur dégagé de la terre, ne pense qu'à vous. Quelle obligation n'ai-je pas de vous bénir et de vous louer en tout temps et en tout lieu, Dieu du ciel et de la terre, maître infiniment grand, Père tout-puissant et éternel !

Rien n'est plus juste, rien n'est plus avantageux que de nous unir à Jésus-Christ pour vous adorer continuellement. C'est par lui que tous les esprits bienheureux rendent leurs hommages à votre majesté ; c'est par lui que toutes les vertus du ciel, saisies d'une frayeur respectueuse, s'unissent pour vous glorifier. Souffrez, Seigneur, que nous joignions nos faibles louanges à celles de ces saintes intelligences, et que, de concert avec elles, nous disions, dans un transport de joie et d'admiration :

SANCTUS

Saint, Saint, Saint est le Seigneur, le Dieu des armées. Tout l'univers est	Sanctus, Sanctus, Sanctus Dominus Deus sabaoth. Pleni sunt cœli et

rempli de sa gloire. Que les Bienheureux le bénissent dans le ciel ! Béni soit celui qui nous vient sur la terre, Dieu et Seigneur comme celui qui l'envoie.

terra gloria tuâ. Hosanna in excelsis.

Benedictus qui venit in nomine Domini. Hosanna in excelsis.

LE CANON

Représentez-vous l'autel sur lequel Jésus-Christ va se rendre, comme le trône de la miséricorde où vous avez le droit de vous présenter pour exposer tous vos besoins, pour demander et pour obtenir. Dieu qui nous donne son propre Fils, peut-il nous refuser quelque chose ?

Nous vous conjurons au nom de Jésus-Christ votre Fils et Notre-Seigneur, ô Père infiniment miséricordieux ! d'avoir pour agréable et de bénir l'offrande que nous vous présentons, afin qu'il vous plaise de conserver, de défendre et de gouverner votre sainte Église catholique, avec tous les membres qui la composent, le Pape, notre archevêque et généralement tous ceux qui font profession de votre sainte foi.

Nous vous recommandons en particulier, Seigneur, ceux pour qui la justice, la reconnaissance et la charité nous obligent de prier, tous ceux qui sont présents à cet adorable sacrifice, et singulièrement.... Et afin, grand Dieu, que nos hommages vous soient plus agréables, nous nous unissons à la glorieuse Marie toujours vierge, mère de notre Dieu et Seigneur Jésus-Christ ; à tous les apôtres, à tous les martyrs, et à tous les saints et saintes, qui composent avec vous une même Église.

Que n'ai-je en ce moment, ô mon Dieu ! les désirs enflammés avec lesquels les saints patriarches souhaitaient la venue du Messie ! Que n'ai-je leur foi et leur amour ! Venez, Seigneur Jésus, venez, aimable réparateur du monde, venez accomplir un mystère qui est l'abrégé de toutes vos merveilles. Il vient, cet agneau de Dieu : voici l'adorable victime par qui tous les péchés du monde sont effacés.

A L'ÉLÉVATION.

Voilà votre Dieu, votre Sauveur et votre juge. Soyez quelque temps dans le silence. Rappelez toute votre ferveur et livrez-vous à tous les sentiments que le respect, la confiance et la crainte sont capables d'inspirer.

Verbe incarné, divin Jésus, vrai Dieu et vrai homme, je crois que vous êtes ici présent, je vous y adore avec humilité ; je vous aime de tout mon cœur ; et comme vous y venez pour l'amour de moi, je me consacre entièrement à vous.

N'était-ce pas assez, divin Sauveur, que

vous vous fussiez immolé sur la croix pour le salut des hommes ! Fallait-il encore que votre sacrifice fût renouvelé tous les jours dans votre Église ! O abîme de miséricorde ! ô charité ingénieuse qui vous a fait choisir ce moyen ineffable pour demeurer avec nous jusqu'à la fin des siècles ! Je vous adore de tout mon cœur : je reconnais, ô mon Dieu ! votre majesté cachée sous ces symboles qui frappent mes sens. Hostie sainte, soyez un pain d'immortalité et un calice de salut éternel.

O salutaris Hostia,
Quæ cœli pandis ostium,
Bella premunt hostilia,
Da robur, fer auxilium.

Uni trinoque Domino
Sit sempiterna gloria,
Qui vitam sine termino
Nobis donet in patria.
Amen.

SUITE DU CANON.

Contemplez affectueusement votre Sauveur sur l'autel ; méditez les mystères qu'il y renonvelle, unissez le sacrifice de votre cœur à celui de son corps ; offrez-le à Dieu son père ; suppliez-le d'accepter les prières que ce cher Fils lui fait pour vous, et priez vous-même pour les autres.

Quelles seraient désormais ma malice et mon ingratitude, si après avoir vu ce que je vois, je consentais à vous offenser ! Non, mon Dieu, je n'oublierai jamais ce que vous me représentez par cet auguste cérémonie : les souffrances de votre passion, la gloire de votre résurrection, votre corps tout déchiré, votre sang répandu pour nous, réellement présent à mes yeux sur cet autel.

C'est maintenant, éternelle Majesté, que nous vous offrons de votre grâce véritablement et proprement la victime pure, sainte et sans tache qu'il vous a plu de nous donner vous-même, et dont toutes les autres n'étaient que la figure. Oui, grand Dieu, nous osons vous le dire : il y a ici plus que tous les sacrifices d'Abel, d'Abraham et de Melchisédech, la seule victime digne de votre autel, Notre-Seigneur Jésus-Christ, votre Fils, l'unique objet de vos éternelles complaisances.

Que tous ceux qui participent ici à cette victime sacrée soient remplis de sa bénédiction.

Que cette bénédiction se répande, ô mon Dieu, sur les âmes des fidèles qui sont morts dans la paix de l'Église. Accordez-leur, Seigneur, en vue de ce sacrifice, la délivrance entière de leurs peines.

Daignez nous accorder aussi un jour cette grâce à nous-mêmes, Père infiniment bon ; et faites-nous entrer en société avec les saints apôtres, les saints martyrs et tous les saints, afin que nous puissions vous aimer et vous glorifier éternellement avec eux. Ainsi soit-il.

PATER NOSTER.

Nous voici avec Jésus sur un nouveau Calvaire. Tenons-nous au pied de sa croix avec une tendre compassion, comme Madeleine ; avec un amour fidèle, comme saint Jean ; avec espérance de le voir un jour dans sa gloire, comme les autres disciples. Regardons-le quelquefois de loin, et pleurons nos péchés avec saint Pierre.

Que je suis heureux, ô mon Dieu, de vous avoir pour père ! Que j'ai de joie de songer que le ciel où vous êtes doit être un jour ma demeure ! Que votre saint nom soit glorifié par toute la terre. Régnez absolument sur tous les cœurs et sur toutes les volontés. Accordez à vos enfants la nourriture spirituelle et corporelle. Nous pardonnons de bon cœur : pardonnez-nous. Soutenez-nous dans les tentations et dans les maux de cette misérable vie ; mais préservez-nous du péché, le plus grand de tous les maux. Ainsi soit-il.

Pater noster, qui es in cœlis, sanctificetur nomen tuum ; adveniat regnum tuum; fiat voluntas tua, sicut in cœlo et in terra; panem nostrum quotidianum da nobis hodie ; et dimitte nobis debita nostra, sicut et nos dimittimus debitoribus nostris, et ne nos inducas in tentationem ; sed libera nos a malo. Amen.

AGNUS DEI.

Dieu, qui est si glorieux dans le ciel, si puissant sur la terre, si terrible dans les enfers, n'est ici qu'un

Agneau plein de douceur et de bonté. Il y vient pour effacer les péchés du monde, et en particulier les vôtres. Quel motif de confiance ! quel sujet de consolation !

Agneau de Dieu, immolé pour moi, ayez pitié de moi. Victime adorable de mon salut, sauvez-moi. Divin médiateur, obtenez-moi ma grâce auprès de votre Père, donnez-moi votre paix.

Agnus Dei, qui tollis peccata mundi, miserere nobis.	Agneau de Dieu, qui effacez les péchés du monde, ayez pitié de nous.
Agnus Dei, qui tollis peccata mundi, miserere nobis.	Agneau de Dieu, qui effacez les péchés du monde, ayez pitié de nous.
Agnus Dei, qui tollis peccata mundi, dona nobis pacem.	Agneau de Dieu, qui effacez les péchés du monde, donnez-nous la paix.

COMMUNION.

Pour communier spirituellement, renouvelez par un acte de foi le sentiment que vous avez de la présence de Jésus-Christ ; formez un acte de contrition ; excitez dans votre cœur un désir ardent de le recevoir avec le prêtre ; priez-le qu'il agrée ce désir et qu'il s'unisse à vous en vous communiquant ses grâces.

Qu'il me serait doux, ô mon aimable Sauveur ! d'être du nombre de ces heureux chrétiens à qui la pureté de conscience et une tendre piété permettent d'approcher tous les jours de votre sainte Table !

Quel avantage pour moi, si je pouvais en ce

moment vous posséder dans mon cœur, vous y rendre mes hommages, vous y exposer mes besoins et participer aux grâces que vous faites à ceux qui vous reçoivent réellement ! Mais puisque j'en suis très indigne, suppléez, ô mon Dieu, à l'indisposition de mon âme. Pardonnez-moi mes péchés ; je les déteste de tout mon cœur, parce qu'ils vous déplaisent. Recevez le désir sincère que j'ai de m'unir à vous. Purifiez-moi d'un seul de vos regards et mettez-moi en état de vous bien recevoir au plus tôt.

En attendant cet heureux jour, je vous conjure, Seigneur, de me faire participer aux fruits que la communion du prêtre doit produire en tout le peuple fidèle qui est présent à ce sacrifice. Augmentez ma foi, fortifiez mon espérance, épurez en moi la charité.

DERNIÈRES ORAISONS

Efforcez-vous de rendre au Sauveur sacrifice pour sacrifice, en devenant la victime de son amour, en lui immolant les recherches de l'amour-propre, le respect humain, les répugnances et les inclinations de toutes sortes qui ne s'accorderaient pas avec vos devoirs.

Vous venez, ô mon Dieu, de vous immoler pour mon salut : je veux me sacrifier pour votre gloire. Je suis votre victime, ne m'épargnez point. J'accepte de bon cœur toutes les croix qu'il vous plaira de m'envoyer ; je les bénis, je les reçois de votre main et je les unis à la vôtre.

J'ai assisté, ô mon Sauveur ! à votre divin sacrifice ; vous m'y avez comblé de vos faveurs. Je fuirai avec horreur les moindres taches du péché, surtout de celui où mon penchant m'entraine avec plus de violence. Je serai fidèle à votre loi, et je suis résolu de tout perdre et de tout souffrir plutôt que de la violer.

Ite, Missà est. | Deo gratias.

BÉNÉDICTION

Bénissez, ô mon Dieu ! ces saintes résolutions ; bénissez-nous par la main de votre ministre ; et que les effets de votre bénédiction demeurent éternellement sur nous. Au nom du Père, et du Fils, et du Saint-Esprit.

Ainsi soit-il.

DERNIER ÉVANGILE

Verbe divin, Fils unique du Père, lumière du monde, venue du ciel pour nous en montrer le chemin, ne permettez pas que je ressemble à ce peuple infidèle qui a refusé de vous reconnaître pour le Messie. Ne souffrez pas que je tombe dans le même aveuglement que ces malheureux, qui ont mieux aimé devenir esclaves de Satan que d'avoir part à la glorieuse adoption d'enfants de Dieu, que vous veniez leur procurer.

Verbe fait chair, je vous adore avec le respect le plus profond, je mets toute ma confiance en vous seul, espérant fermement que, puisque vous êtes mon Dieu, et un Dieu qui s'est fait homme, afin de sauver les hommes, vous m'accorderez les grâces nécessaires pour me sanctifier et vous posséder éternellement dans le ciel.

PRIÈRE APRÈS LA MESSE

Seigneur, je vous remercie de la grâce que vous m'avez faite en me permettant aujourd'hui d'assister au sacrifice de la sainte Messe, préférablement à tant d'autres qui n'ont pas eu le même bonheur ; je vous demande pardon de toutes les fautes que j'ai commises par la dissipation et la langueur où je me suis laissé aller en votre présence. Que ce sacrifice, ô mon Dieu, me purifie pour le passé et me fortifie pour l'avenir.

Je vais présentement, avec confiance, aux occupations où votre volonté m'appelle. Je me souviendrai toute cette journée de la grâce que vous venez de me faire, je tâcherai de ne laisser échapper aucune parole, de ne faire aucune action, de ne former aucun désir, de ne m'arrêter à aucune pensée qui me fasse perdre le fruit de la Messe que je viens d'entendre. C'est ce que je me propose, avec le secours de votre grâce. Ainsi soit-il.

CANTIQUE D'ACTIONS DE GRACES

Te Deum laudamus, te Dominum confitemur.

Te æternum patrem omnis terra veneratur.

Tibi omnes angeli, tibi cœli, et universæ potestates;

Tibi cherubim et seraphim incessabili voce proclamant :

Sanctus, Sanctus, Sanctus Dominus Deus Sabaoth.

Pleni sunt cœli et terra majestatis gloriæ tuæ.

Te gloriosus apostolorum chorus.

Te prophetarum laudabilis numerus,

Te martyrum candidatus laudat exercitus.

Te per orbem terrarum sancta confitetur Ecclesia.

Patrem immensæ majestatis;

Venerandum tuum verum, et unicum Filium,

Sanctum quoque Paraclitum Spiritum.

Tu rex gloriæ, Christe.

Tu Patris sempiternus es Filius.

Tu ad liberandum suscepturus hominem, non horruisti virginis uterum.

Tu, devicto mortis aculeo, aperuisti credentibus regna cœlorum.

Tu ad dexteram Dei sedes in glorià Patris;

Judex crederis esse venturus.

Te ergo quæsumus, famulis tuis subveni, quos pretioso sanguine redemisti.

Æterna fac cum sanctis tuis in glorià numerari.

Salvum fac populum tuum, Domine et benedic hæreditati tuæ.

Et rege eos, et extolle illos usque in æternum,

Per singulos dies benedicimus te;

Et laudamus nomen tuum in sæculum, et in sæculum sæculi.

Dignare, Domine, die isto, sine peccato nos custodire.

Miserere nostri, Domine, miserere nostri.

Fiat misericordia tua, Domine, super nos, quemadmodum speravimus in te.

In te, Domine, speravi; non confundar in æternam.

PETITES VÊPRES

℣. Deus in adjutorium intende.

℟. Domine, adjuvandum me festina.

℣. Gloria Patri et Filio, * et Spiritui Sancto.

℟. Sicut erat in principio, et nunc et, semper, * et in secula seculorum Amen. Alleluia.

Psaume 109.

Génération éternelle de Jésus-Christ, son sacerdoce selon l'ordre de Melchisédech. Ses souffrances et la gloire dont elles ont été suivies.

Dixit Dominus Domino meo : * Sede a dextris meis.

Donec ponam inimicos tuos * scabellum pedum tuorum.

Virgam virtutis tuæ emittet Dominus ex Sion : * dominare in medio inimicórum tuorum.

Tecum principium in die virtutis tuæ in splendoribus sanctorum ; * ex utero ante luciferum genui te.

Juravit Dominus, et non pœnitebit eum : * Tu es sacerdos in æternum secundum ordinem Melchisedech.

Dominus a dextris tuis, * confregit in die iræ suæ reges.

Judicabit in nationibus, implevit ruinas ; * conquassabit capita in terra multorum.

De torrente in via bibet ; * propterea exaltabit caput.

Gloria Patri, etc.

Psaume 112

Exhortation à louer le Seigneur dans la vue de sa grandeur, de sa puissance et de sa bonté.

Laudate, pueri, Dominum ; * laudate nomen Domini.

Sit nomen Domini benedictum, * ex hoc nunc, et usque in sæculum.

A solis ortu usque ad occasum, * laudabile nomen Domini.

Excelsus super omnes gentes Dominus, * et super cœlos gloria ejus.

Qui sicut Dominus Deus noster, qui in altis habitat, * et humilia respicit in cœlo et in terra ?

Suscitans a terra inopem, * et de stercore erigens pauperem.

Ut collocet eum cum principibus, * cum principibus populi sui.

Qui habitare facit sterilem in domo, * matrem filiorum lætantem.

Gloria Patri, etc.

Psaume 116.

Laudate Dominum, omnes gentes; * laudate eum, omnes populi.

Quoniam confirmata est super nos misericordia ejus, * et veritas Domini manet in æternum.

Gloria Patri, etc.

Monstra te esse matrem,
Sumat per te preces
Qui, pro nobis natus,
Tulit esse tuus.

CANTIQUE DE LA SAINTE VIERGE.

Magnificat * anima mea Dominum.

Et exultavit spiritus meus * in Deo salutari meo :

Quia respexit humilitatem ancillæ suæ : * ecce enim ex hoc beatam me dicent omnes generationes.

Quia fecit mihi magna qui potens est, * et sanctum nomen ejus.

Et misericordia ejus a progenie in progenies * timentibus eum.

Fecit potentiam in brachio suo : * dispersit superbos mente cordis sui.

Deposuit potentes de sede, * et exaltavit humiles.

Esurientes implevit bonis, * et divites dimisit inanes.

Suscepit Israël puerum suum, * recordatus misericordiæ suæ.

Sicut locutus est ad patres nostros, * Abraham et semini ejus, in sæcula.

Gloria Patri, etc.

HYMNE A LA SAINTE VIERGE.

Ave, maris stella,
Dei Mater alma,
Atque semper virgo,
Felix cœli porta.

Sumens illud Ave
Gabrielis ore,
Funda nos in pace,
Mutans Evæ nomen.

Solve vincla reis,
Profer lucem cæcis,
Mala nostra pelle,
Bona cuncta posce.

Monstra te esse matrem,
Sumat per te preces
Qui, pro nobis natus,
Tulit esse tuus.

Virgo singularis,
Inter omnes mitis,
Nos culpis solutos
Mites fac et castos.

Vitam præsta puram,
Iter para tutum,
Ut videntes Jesum,
Semper collætemur.

Sit laus Deo Patri,
Summo Christo decus,
Spiritui sancto,
Tribus honor unus. Amen.

PROSE A LA SAINTE VIERGE.

Inviolata, integra et casta es, Maria,
Quæ es effecta fulgida cœli porta.
O Mater alma Christi carissima!
Suscipe pia laudum præconia.
Nostra ut pura pectora sint et corpora,
Te nunc flagitant devota corda et ora.
Tua per precata dulcisona,
Nobis concedas veniam per sæcula.
O benigna! ô regina! ô Maria!
Quæ sola inviolata permansisti.

℣. Ora pro nobis, sancta Dei Genitrix.

℟. Ut digni efficiamur promissionibus Christi.

ANTIENNES A LA SAINTE VIERGE.

Regina cœli, lætare, alleluia,
Quia quem meruisti portare, alleluia,
Resurrexit, sicut dixit, alleluia,
Ora pro nobis Deum, alleluia.

℣. Gaude et lætare, Virgo Maria, alleluia.
℟. Quia surrexit Dominus vere, alleluia.

SALVE, Regina, mater misericordiæ ; vita, dulcedo, et spes nostra, salve. Ad te clamamus exules, filii Evæ ; ad te suspiramus, gementes et flentes in hac lacrymarum valle. Eia ergo, advocata nostra, illos tuos, misericordes oculos ad nos converte. Et Jesum, benedictum fructum ventris tui, nobis post hoc exilium ostende, o clemens, o pia, o dulcis Virgo Maria !

℣. Ora pro nobis, sancta Dei Genitrix ;
℟. Ut digni efficiamur promissionibus Christi.

POUR LE TEMPS DE NOEL.

Adeste, fideles, læti, triumphantes :
Venite, venite in B' 'hlehem ;
Natum videte Regem angelorum,
Venite adoremus ; venite adoremus ;
Venite, adoremus Dominum.

En, grege relicto, humiles ad cunas
Vocati pastores approperant ;
Et nos ovanti gradu festinemus.
Venite, adoremus, etc.

Æterni Parentis splendorem æternum,
Velatum sub carne videbimus ;
Deum infantem pannis involutum
Venite, adoremus, etc.

Pro nobis egenum et feno cubantem
Piis foveamus amplexibus :
Sic nos amantem quis non redamaret ?
Venite, adoremus, etc.

POUR LES DIMANCHES DE LA PASSION ET DES RAMEAUX.

Vexilla Regis prodeunt ;
Fulget Crucis mysterium,
Qua vita mortem pertulit,
Et morta vitam protulit.

Quæ vulnerata lanceæ
Mucrone diro, criminum
Ut nos lavaret sordibus,
Manavit unda et sanguine.

Impleta sunt quæ concinit
David fideli carmine,
Dicendo nationibus :
Regnavit a ligno Deus.

Arbor decora et fulgida
Ornata Regis purpura,
Electa digno stipite.
Tam sancta membra tangere.

Beata cujus brachiis
Pretium pependit sæculi,
Statera facta corporis,
Tulitque prædam tartari !

O Crux, ave, spes unica,
Hoc Passionis tempore,
Piis adauge gratiam,
Reisque dele crimina.

Te, fons salutis, Trinitas,
Collaudet omnis spiritus ;
Quibus Crucis victoriam
Largiris, adde præmium. Amen.

POUR LE TEMPS DE PAQUES.

Alleluia, alleluia, alleluia.
O Filii et Filiæ,
Rex cœlestis, Rex gloriæ,
Morte surrexit hodie.
Alleluia.

Et Maria Magdalene,
Et Jacobi, et Salome,
Venerunt corpus ungere.
Alleluia.

A Magdalena moniti
Ad ostium monumenti
Duo currunt Discipuli.
Alleluia.

Sed Joannes Apostolus
Cucurrit Petro citius,
Ad sepulcrum venit prius.
Alleluia.

In albis sedens Angelus,
Respondit mulieribus,
Quia surrexit Dominus.
Alleluia.

Discipulis adstantibus,
In medio stetit Christus,
Dicens : Pax vobis omnibus.
Alleluia.

Postquam audivit Didymus
Quia surrexerat Jesus,
Remansit fide dubius.
Alleluia.

Vide, Thoma, vide latus,
Vide pedes, vide manus,
Noli esse incredulus.
Alleluia.

Quando Thomas Christi latus,
Pedes vidit atque manus,

Dixit : Tu es Deus meus.
Alleluia.

Beati qui non viderunt
Et firmiter crediderunt !
Vitam æternam habebunt.
Alleluia.

In hoc festo sanctissimo,
Sit laus et jubilatio ;
Benedicamus Domino.
Alleluia.

De quibus nos humillimas
Devotas atque debitas
Deo dicamus gratias.
Alleluia.

HYMNE A SAINT JOSEPH

Te, Joseph, celebrent agmina cœlitum :
Te cuncti resonent christianum chori :
Qui clarus meritis, junctus es inclytæ,
Casto fœdere, Virgini.

Almo cum tumidam germine conjugem
Admirans, dubio tangeris anxius,
Afflatu superi Flaminis Angelus
Conceptum puerum docet.

Tu natum Dominum strengis ; ad exteras
Ægypti profugum tu sequeris plagas ;

Amissum Solymis quæris, et invenis,
Miscens gaudia fletibus.

Post mortem reliquos mors pia consecrat,
Palmamque emeritos gloria suscipit ;
Tu vivens, superis par frueris Deo,
Mira sorte beatior,

Nobis, summa Trias, parce precantibus
Da, Joseph meritis, sidera scandere,
Ut tandem liceat nos tibi perpetim
Gratum promere canticum. Amen.

℣. Sub umbra illius quem desideraveram sedi, alleluia.

℟. Et fructus ejus dulcis gutturi meó, alleluia.

HYMNE AU B. H.-J. DE LA SALLE.

Alma quem Sion celebrat beatum
Hac die festa decet, ô Joannes,
Nos tuas sacros memorare dulci
Carmine laudes.

Degis in terra comes Angelorum,
Qui student flori juvenilis aevi,
Semper in cælis simul intuentes
Numinis ora

Dum tenent curæ vigiles scholarum,
Sublevat mentem fidei volatus ;

Pro Deo pugnans, animas requiris
Inclytus heros.

Te pium laudant pueri patronum
Te ducem sanctum recolunt magistri,
Te vocant cuncti meritis potentem :
Omnibus adsis.

Sit decus summæ Triadi perenne,
Quæ dat infanti resonare laudem
Integram ; linguæ fateantur omnes
Cuncta regemtem. Amen.

HYMNE AU SAINT-ESPRIT

Veni, Creator Spiritus,
Mentes tuorum visita,
Imple superna gratia
Quæ tu creasti pectora.

Qui diceris Paraclitus
Altissimi donum Dei.
Fons vivus, ignis caritas
Et spiritalis unctio.

Tu septiformis munere,
Digitus paternæ dexteræ,
Tu rite promissum Patris,
Sermone ditans guttura.

Accende lumen sensib
Infunde amorem cordibus,

Infirma nostri corporis
Virtute firmans perpeti.

Hostem repellas longius;
Pacemque dones protinus;
Ductore sic te prævio,
Vitemus omne noxium.

Per te sciamus da Patrem,
Noscamus atque Filium;
Teque utriusque Spiritum
Credamus omni tempore.

Deo Patri sit gloria,
Et Filio, qui a mortuis
Surrexit, ac Paraclito,
In sæculorum sæcula.
Amen.

℣. Emitte Spiritum tuum et creabuntur.
℟. Et renovabis faciem terræ.

POUR LE JOUR DE LA FÊTE-DIEU

Pange lingua gloriosi
Corporis mysterium
Sanguinisque pretiosi,
Quem in mundi pretium,
Fructus ventris generosi,
Rex effudit gentium.

Nobis datus, nobis natus
Ex intacta Virgine,

Et in mundo conversatus,
Sparso verbi semine,
Sui moras incolatus
Miro clausit ordine.

In supremæ nocte cœnæ
Recumbens cum fratribus,
Observata lege plene
Cibis in legalibus,
Cibum turbæ duodenæ
Se dat suis manibus.

Verbum caro, panem verum
Verbo carnem efficit :
Fitque sanguis Christi merum ;
Et si sensus deficit,
Ad firmandum cor sincerum
Sola fides sufficit.

Tantum ergo Sacramentum
Veneremur cernui ;
Et antiquum documentum
Novo cedat ritui :
Præstet fides supplementum
Sensuum defectui.

Genitori Genitoque
Laus et jubilatio,
Salus, honor, virtus quoque
Sit et benedictio :

Procedenti ab utroque.
Compar sit laudatio. Amen.

℣. Panem de cœlo præstitisti eis, alleluia.
℟. Omne delectamentum in se habentem, alleluia.

CHOIX DE CANTIQUES

Nº 1. Invocation au Saint-Esprit.

Chœur : Esprit-Saint, Dieu de lumière,
O vous ! que nous invoquons,
Venez des cieux sur la terre,
Comblez-nous de tous vos dons.

1. Accordez-nous cette sagesse
Qui ne cherche que le Seigneur ;
Que notre étude soit sans cesse
De lui soumettre notre cœur.

2. Donnez-nous cette intelligence,
Ce don qui fait connaître au cœur
De la foi toute l'excellence,
Et du crime toute l'horreur.

No 2. Si le péché...

1. Si le péché vient de ses charmes
Nous offrir la fausse douceur,
Résistons-lui d'abord ; chrétiens, courons aux armes: } *bis.*
Un seul moment peut le rendre vainqueur.

2. L'ennemi redouble sa rage,
Repoussons vivement ses coups ;
Plus il a de fureur, plus il faut de courage ; } *bis.*
Il ne peut pas nous vaincre malgré nous.

3. Dans ce combat Dieu nous regarde,
Il est toujours à nos côtés :
Tandis qu'un Dieu nous voit, nous aime, nous garde } *bis.*
Par l'ennemi serons-nous terrassés ?

4. Contre l'enfer et sa furie,
Dans nos périls ayons recours
Au saint nom de Jésus, au doux nom de Marie } *bis.*
Et nous vaincrons par leur puissant secours

No 3. Bravons les enfers.

Refrain :

Bravons les enfers,
Brisons tous nos fers,
Sortons de l'esclavage ;
Unissons nos voix,
Rendons à la croix
Un sincère et public hommage.

1. Jurons haine au respect humain,
Brisons cette idole fragile :
Sur ses débris que notre main
Elève un trône à l'Evangile.
Bravons, etc.

2. Partout flottent les étendards
Qu'arbore à nos yeux la licence ;
Faisons briller à ses regards
La bannière de l'innocence.
Bravons, etc.

3. Tandis que sur le champ d'honneur
La valeur signale les braves,
On me verrait, lâche et sans cœur,
Traînant les chaînes des esclaves !
Bravons, etc.

4. Quoi ! vous rougissez, vils mortels,
Honteux d'être vus dans un temple,
Adorant au pied des autels
Le grand Dieu que le ciel contemple ?
Bravons, etc.

No 4. Chantons victoire.

Chantons victoire,
Chantons le Seigneur ;
Célébrons la gloire
De notre Sauveur
Et que nos louanges

Montent jusqu'au ciel ;
Écho des saints anges
Louant l'Éternel
Chantons victoire,
Chantons le Seigneur
Célébrons la gloire
De notre Sauveur.

N° 5. Même sujet.

1. Mon cœur, en ce jour solennel,
Il faut enfin choisir un maître ;
Balancer serait criminel,
Quand Dieu seul est digne de l'être.

Chœur : C'en est donc fait, ô Dieu Sauveur !
A vous seul je donne mon cœur.

2. A qui doit-il appartenir
Ce cœur qui vous doit l'existence,
Que vous avez daigné nourrir
De votre immortelle substance ?
C'en est donc fait, etc.

3. Que puis-je désirer de plus ?
Je possède mon Dieu lui-même.
Ah ! tous les biens sont superflus,
Quand on jouit du bien suprême.
C'en est donc fait, etc.

N° 6. — Le Travail.

1. Quand Jésus vint sur la terre ;
Ce fut pour y travailler.
Il voulut, touchant mystère !
Comme nous être ouvrier.

Refrain :

Espérance de la France,
Ouvriers soyez chrétiens !
Que votre âme soit de flamme
Pour l'auteur de tous les biens ! *(bis.)*

2. Le travail, ô divin Maître !
Est par vous transfiguré ;
L'atelier, tel qu'il doit être,
Vaut mieux qu'un palais doré.
Espérance, etc.

3. Vous avez mis votre empreinte,
O Jésus ! sur nos outils ;
Et vous écoutez la plainte
Du dernier des apprentis.
Espérance, etc.

4. Nous savons que le dimanche
Le travail doit s'arrêter ;
Et, lorsque notre âme est blanche,
Jésus vient la visiter.
Espérance, etc.

5. Nous prions pour la patrie,
Pour l'Église et pour son Chef,
Et si nous aimons Marie,
Nous aimons aussi Joseph.
Espérance, etc.

N° 7. Dieu seul.

1. Il n'est pour moi qu'un seul bien sur la terre,
Et c'est Dieu seul : Dieu seul est mon trésor.
Dieu seul, Dieu seul allège ma misère,
Et vers Dieu seul mon cœur prendra l'essor.

Chœur : Bénissons sa tendresse,
Et répétons sans cesse
Ce cri d'amour, cet élan d'un grand cœur :
Dieu seul, Dieu seul, voilà le vrai bonheur !

2. Dieu seul, Dieu seul guérit toute blessure ;
Dieu seul, Dieu seul est un puissant secours ;
Dieu seul suffit à l'âme douce et pure,
Et c'est Dieu seul qu'elle cherche toujours !

Bénissons, etc.

3. Quel déplaisir pourra jamais atteindre
Cet heureux cœur que Dieu seul peut charmer ?
Grand Dieu ! quel maux ce cœur pourra-t-il craindre ?
Il n'en est point quand on sait vous aimer.

Bénissons, etc.

No 8. Avantage de la ferveur.

1. Goûtez, âmes ferventes,
Goûtez votre bonheur ;
Mais demeurez constantes
Dans votre sainte ardeur.

Chœur :

Heureux le cœur fidèle
Où règne la ferveur !
Il possède avec elle
Tous les dons du Seigneur.

2. Elle est le vrai partage
Et le sceau des élus ;
Elle est l'appui, le gage
Et l'âme des vertus.
Heureux, etc.

3. Par elle, la foi vive
S'allume dans les cœurs,
Et sa lumière active
Guide et règle nos mœurs.
Heureux, etc.

4. Par elle, l'espérance
Ranime nos soupirs,
Et croit jouir d'avance
Des célestes plaisirs.
Heureux, etc.

5. Par elle, dans les âmes,
S'accroît de jour en jour
L'activité des flammes
Du pur et saint amour.
Heureux, etc.

6. C'est elle qui prépare
Tous ces traits de beauté
Dont la main de Dieu pare
Les saints dans sa clarté.
Heureux, etc.

No 9. Pour l'Avent.

Venez, divin Messie,
Sauvez nos jours infortunés ;
Venez, source de vie,
Venez, venez, venez.

1. Ah ! descendez, hâtez vos pas,
Sauvez les hommes du trépas,
Secourez-nous, ne tardez pas.
Venez, divin Messie,
Sauvez nos jours infortunés,
Venez, source de vie,
Venez, venez, venez.

Venez, divin Messie, etc.

2. Ah ! désarmez votre courroux,
Nous soupirons à vos genoux ;
Seigneur, nous n'espérons qu'en vous.
Pour nous livrer la guerre,
Tous les enfers sont déchaînés,
Descendez sur la terre,
Venez, venez, venez.

3. Que nos soupirs soient entendus :
Les biens que nous avons perdus
Ne nous seront-ils pas rendus ?
Voyez couler nos larmes ;
Grand Dieu ! si vous nous pardonnez,

Nous n'aurons plus d'alarmes,
Venez, venez, venez.

4. Si vous venez en ces bas lieux,
Nous vous verrons, victorieux,
Fermer l'enfer, ouvrir les cieux ;
Nous l'espérons sans cesse,
Les cieux nous furent destinés ;
Tenez votre promesse,
Venez, venez, venez.

5. Ah ! puissions-nous chanter un jour,
Dans votre bienheureuse cour,
Et votre gloire et votre amour.
C'est là l'heureux partage
De ceux que vous prédestinez,
Donnez-nous-en le gage :
Venez, venez, venez.

N° 10. — Pour la fête de Noël.

Refrain : Il est né, le divin Enfant ;
Jouez, hautbois, résonnez, musettes ;
Il est né, le divin Enfant,
Chantons tous son avénement.

1. Depuis plus de quatre mille ans
Nous le promettaient les prophètes,
Depuis plus de quatre mille ans,
Nous attendions cet heureux temps.
Il est né, etc.

2. Ah ! qu'il est beau ! qu'il est charmant !
Ah ! que ses grâces sont parfaites !
Oh ! qu'il est beau ! qu'il est charmant !
Qu'il est doux, ce divin Enfant !
Il est né, etc.

3. Une étable est son logement,
Un peu de paille est sa couchette ;
Une étable est son logement,
Pour un Dieu, quel abaissement !
Il est né, etc.

4. Il veut nos cœurs, il les attend,
Il vient en faire la conquête ;
Il veut nos cœurs, il les attend,
Qu'ils soient à lui dès ce moment.
Il est né, etc.

5. Partez, ô rois de l'Orient !
Venez vous unir à nos fêtes ;
Partez, ô rois de l'Orient !
Venez adorer cet Enfant.
Il est né, etc.

6. O Jésus ! ô roi tout-puissant !
Tout petit enfant que vous êtes,
O Jésus ! ô roi tout-puissant !
Régnez sur nous entièrement.
Il est né, etc.

N° 11. — Même sujet.

1. Les anges dans nos campagnes
Ont entonné l'hymne des cieux ;
Et l'écho de nos montagnes
Redit ce chant mélodieux :
Gloria in excelsis Deo.

2. Bergers, pour qui cette fête !
Quel est l'objet de tous ces chants ?
Quel vainqueur, quelle conquête,
Mérite ces cris triomphants ?
Gloria in excelsis Deo.

3. Ils annoncent la naissance
Du libérateur d'Israël,
Et, pleins de reconnaissance,
Chantent en ce jour solennel :
Gloria in excelsis Deo.

4. Déjà les bienheureux anges,
Les chérubins, les séraphins,
Occupés de vos louanges,
Ont appris à dire aux humains :
Gloria in excelsis Deo.

5. Dociles à leur exemple,
Seigneur, nous viendrons désormais,
Au milieu de votre temple,
Chanter avec eux vos bienfaits.
Gloria in excelsis Deo.

No 12. Même sujet.

1. Dans cette étable,
Que Jésus est charmant ;
Qu'il est aimable
Dans son abaissement !
Que d'attraits à la fois !
Tous les palais des rois
N'ont rien de comparable
Aux beautés que je vois
Dans cette étable.

2. Que sa puissance
Paraît bien en ce jour,
Malgré l'enfance
Où l'a réduit l'amour !
L'esclave racheté
Et tout l'enfer dompté

Font voir qu'à sa naissance
Rien n'est si redouté
Que sa puissance.

3. Heureux mystère !
Jésus souffrant pour nous,
D'un Dieu sévère,
Apaise le courroux ;
Pour sauver le pécheur,
Il naît dans la douleur,
Et sa bonté de père
Eclipse sa grandeur,
Heureux mystère !

4. S'il est sensible,
C'est plus à nos malheurs
Qu'au froid horrible
Qui fait couler ses pleurs.
Après tant de bienfaits,
Que notre cœur, aux traits
D'un amour si visible,
Se rende désormais,
S'il est sensible.

5. Que je vous aime !
Peut-on voir vos appas,
Beauté suprême,
Et ne vous aimer pas !
Puissant maître des cieux,
Brûlez-moi de ces feux
Dont vous brûlez vous-même ;
Ce sont là tous mes vœux.
Que je vous aime.

N° 13. Vanités du monde.

1. Tout n'est que vanité,
Mensonge, fragilité,
Dans tous ces objets divers
Qu'offre à nos regards l'univers.
Tous ces brillants dehors,
Cette pompe,
Ces biens, ces trésors
Tout nous trompe,
Tout nous éblouit,
Mais tout nous échappe et nous fuit.

2. Telles qu'on voit les fleurs,
Avec leurs vives couleurs
Eclore, s'épanouir,
Se faner, tomber et périr;
Tel est des vains attraits
Le partage:
Tels l'éclat, les traits
Du bel âge,
Après quelques jours,
Perdent leur beauté pour toujours.

3. En vain, pour être heureux,
Le jeune voluptueux
Se plonge dans les douceurs
Qu'offrent les mondains séducteurs;
Plus il suit les plaisirs
Qui l'enchantent,
Et moins ses désirs
Se contentent;
Le bonheur le fuit
A mesure qu'il le poursuit.

4. J'ai vu l'impie heureux
Porter son air fastueux,
Et son front audacieux
Au-dessus du cèdre orgueilleux.
Au loin tout révérait
Sa puissance,
Et tout adorait
Sa présence ;
Je passe, et soudain
Il n'est plus, je le cherche en vain.

5. Au savant orgueilleux,
Que sert un génie heureux
Un nom devenu fameux
Par mille travaux glorieux ?
Non, les plus beaux talents,
L'éloquence,
Les succès brillants,
La science,
Ne servent de rien
A qui ne sait vivre en chrétien.

6. Arbitre des humains,
Dieu seul tient entre ses mains.
Les événements divers
Et le sort de tout l'univers.
Seul il n'a qu'à parler,
Et la foudre
Va frapper, brûler,
Mettre en poudre
Les plus grands héros,
Comme les plus vils vermisseaux.

7. Oui, la mort, à son choix,
Soumet tout âge à ses lois,
Et l'homme ne fut jamais
A l'abri d'un seul de ses traits :

Comme sur son retour
La vieillesse,
Dans son plus beau jour
La jeunesse,
L'enfance au berceau,
Trouvent tour à tour leur tombeau.

N° 14. — Sur le Salut.

1. Travaillez à votre salut :
Quand on le veut il est facile ;
Chrétiens, n'ayez point d'autre but,
Sans lui tout devient inutile (*bis.*)

Refrain :

Sans le salut (*bis*), pensez-y bien,
Tout ne vous servira de rien. (*bis.*)

2. Oh ! que l'on perd en le perdant !
On perd le céleste héritage ;
Au lieu d'un bonheur si charmant,
On a l'enfer pour son partage. (*bis.*)
Sans le salut, etc.

3. Que sert de gagner l'univers,
Dit Jésus, si l'on perd son âme !
Et s'il faut, au fond des enfers,
Brûler dans l'éternelle flamme ? (*bis.*)
Sans le salut, etc.

4. Rien n'est digne d'empressement,
Si ce n'est la vie éternelle ;
Tout le reste est amusement,
Tout n'est que pure bagatelle. (*bis.*)
Sans le salut, etc.

5. C'est pour toute une éternité
Qu'on est heureux ou misérable :
Que devant cette éternité,
Tout ce qui se passe est méprisable ! (*bis*)
Sans le salut, etc.

6. Grand Dieu ! que tant que nous vivrons,
Cette vérité nous pénètre !
Ah ! faites que nous nous sauvions
A quelque prix que ce puisse être. (*bis.*)
Sans le salut, etc.

Nº 15. — Sur le respect humain.

Refrain :

Armons-nous, la voix du Seigneur,
Chrétiens, au combat nous appelle ;
Ah ! voyez ! voyez ! qu'elle est belle
La palme promise au vainqueur !...
Elle est si noble, elle est si belle,
La palme promise au vainqueur ! } *bis.*

1. Tout le cours de notre existence
N'est qu'un long et rude combat
L'âme ferme que rien n'abat
Seule obtiendra sa récompense.

2. Des sens, la voix enchanteresse
Veut égarer notre raison ;
Les délices sont un poison.
Le remords suit de près l'ivresse.

3. Du monde, la voix nous convie
A ses plaisirs, à ses honneurs ;

Sacrifions ces biens trompeurs
Aux biens de l'éternelle vie.

Du démon, la voix menaçante
Rugit sans cesse autour de nous,
L'homme de foi craint peu ses coups,
Il rit de sa rage impuissante.

5. Que craignez-vous ? Jésus vous guide,
Rangez-vous sous son étendard :
Que l'ennemi lance son dard,
Vous avez l'invincible Guide.

6. Courage, ô milice chérie,
Courage donc jusqu'à la mort !
Courage, vous touchez au port.
Bientôt vous verrez la patrie.

No 16. — Triomphe de l'Église.

Pourquoi ces vains complots, ô prince de la terre?
Pourquoi tant d'armements divers ?
Vous vous réunissez pour déclarer la guerre
A l'arbitre de l'univers.
Tremblez, ennemis de sa gloire,
Tremblez, audacieux mortels,
Il tient en ses mains la victoire ;
Tombez aux pieds de ses autels.

Ref. Honneur à l'Église immortelle !
Dieu la protège de son bras :
En vain l'enfer s'arme contre elle,
Contre elle il ne prévaudra pas. (*bis.*)

2. Depuis quatre mille ans, plongé dans les té-
Assis à l'ombre de la mort, [nèbres

L'univers, gémissant sous ses voiles funèbres,
Soupirait pour un meilleur sort.
Jésus parait : à sa lumière,
La nuit disparait sans retour,
Comme on voit une ombre légère
S'enfuir devant l'aspect du jour.
Honneur, etc.

3. Pour soumettre à ses lois tous les peuples du
Il ne veut que douze pêcheurs, [monde,
Et pour éterniser le royaume qu'il fonde,
Il en fait ses ambassadeurs.
Nouveaux guerriers, prenez la foudre,
Allez conquérir l'univers ;
Frappez, brisez, mettez en poudre
L'idole du monde pervers.

N° 17. — Vanité du monde.

1. Le monde en vain, par ses biens et ses char-
Veut m'engager à plier sous sa loi ; [mes.
Mais pour me vaincre il faut bien d'autres ar-
Je ne crains rien, Jésus est avec moi. [mes :

2. Venez, venez, fiers enfants de la terre,
Déchainez-vous pour me remplir d'effroi :
Quand de concert vous me feriez la guerre,
Je ne crains rien, Jésus est avec moi.

3. Cruel Satan, arme-toi de ta rage,
Que tes démons se liguent avec toi :
Tu ne pourras abattre mon courage ;
Je ne crains rien, Jésus est avec moi.

Non, non, jamais la mort la plus cruelle
Ne me fera trahir ce divin roi :

Jusqu'au trépas je lui serai fidèle !
Je ne crains rien, Jésus est avec moi.

5. Que les enfers, les airs, la terre et l'onde,
Conspirent tous à me remplir d'effroi ;
Quand je verrai crouler sur moi le monde,
Je ne crains rien, Jésus est avec moi.

N° 18. Sur le repentir et la pénitence.

1. Seigneur, Dieu de clémence,
Reçois ce grand pécheur,
A qui la pénitence
Touche aujourd'hui le cœur.
Vois d'un œil secourable
L'excès de son malheur,
Et d'un cœur favorable
Accepte sa douleur.

2. Je suis un infidèle
Qui méconnus tes lois,
Un perfide, un rebelle,
Qui péchai mille fois.
Jamais dans l'innocence
Je n'ai coulé mes jours ;
Toujours plus d'une offense
En a terni le cours.

3. Chargé de mille crimes,
Souvent j'ai mérité
D'entrer dans les abîmes
Pour une éternité.
J'ai peu craint la colère
De ton bras irrité,
Mais cependant j'espère,
Seigneur, en ta bonté.

4. Hélas ! quand je rappelle
Combien je fus pécheur,
Une douleur mortelle
S'empare de mon cœur.
Par quel malheur extrême,
Ai-je offensé souvent
Un Dieu, la bonté même,
Un Dieu si bienfaisant.

5. Fuis loin, péché funeste
Dont je fus trop charmé ;
Péché, je te déteste
Autant que je t'aimais.
O Dieu bon ! ô mon père !
Tu vois mon repentir ;
Avant de te déplaire,
Plutôt, plutôt mourir.

6. C'est fait, je le proteste,
Plus de péché pour moi ;
Le ciel, que j'en atteste,
Garantira ma foi.
Le Dieu qui me pardonne
Aura tout mon amour ;
A lui seul je le donne
Sans bornes, sans retour.

N° 19. Même sujet.

1. Mon doux Jésus, enfin voici le temps
De pardonner à nos cœurs pénitents ;
Nous n'offenserons jamais plus
Votre bonté suprême, ô doux Jésus !

2. Puisqu'un pécheur vous a coûté si cher,
Faites-lui grâce, il ne veut plus pécher.

Ah ! ne perdez pas cette fois
La conquête admirable de votre croix.

3. Enfin, mon Dieu ! nous sommes à genoux
Pour vous prier de nous pardonner tous ;
Pardonnez-nous, ô Dieu clément !
Lavez-nous de nos crimes dans votre sang.

N° 20. Même sujet.

1. Hélas ! quelle douleur
Remplit mon cœur,
Fait couler mes larmes ;
Hélas ! quelle douleur
Remplit mon cœur
De crainte et d'horreur !
Autrefois,
Seigneur, sans alarmes,
De tes lois,
Je goûtais les charmes ;
Hélas !
Vœux superflus,
Beaux jours perdus,
Vous ne serez plus.

2. La mort déjà me suit :
O triste nuit !
Déjà je succombe.
La mort déjà me suit,
Le monde fuit,
Tout s'évanouit.
Je la vois
Entr'ouvrant ma tombe,
Et sa voix
M'appelle, et j'y tombe.

O mort ! cruelle mort !
Si jeune encor !....
Quel funeste sort !

3. Frémis, ingrat pécheur !
Un Dieu vengeur,
D'un regard sévère,
Frémis, ingrat pécheur,
Un Dieu vengeur,
Va sonder ton cœur.
Malheureux !
Entends son tonnerre,
Si tu peux,
Soutiens sa colère ;
Frémis, seul aujourd'hui,
Sans nul appui,
Parais devant lui.

4. Beau ciel, je t'ai perdu,
Je t'ai vendu
Pour de vains caprices ;
Beau ciel, je t'ai perdu,
Je t'ai vendu,
Regret superflu !
Loin de toi,
Toutes les délices
Sont pour moi
De nouveaux supplices.
Beau ciel ! toi que j'aimais,
Qui me charmais,
Ne te voir jamais !

N° 21. Le prince du monde s'avance.

Le prince du monde s'avance,
Vomissant les feux de l'enfer ;

Cœur de Jésus, sauve la France
Brise le bras de Lucifer.

Refrain.

Rallions-nous à l'espérance,
Jésus a dit : Je régnerai ;
Viens à mon cœur, viens, ô ma France,
Par mon cœur je te sauverai. *(bis.)*

2. La flamme grandit et s'élance ;
C'en est fait de nous cette fois :
Cœur de Jésus, sauve la France,
Ta fille aînée, ô Roi des rois !
Rallions-nous, etc.

3. Heureux jours de la délivrance,
Quand luirez-vous à nos regards ?
Cœur de Jésus, sauve la France,
Et brille sur ses étendards.
Rallions-nous, etc.

N° 22. Sur la Passion de N.-S. J.-C.

1. Au sang qu'un Dieu va répandre,
Ah ! du moins mêlez vos pleurs,
Chrétiens, qui venez entendre
Le récit de ses douleurs.
Puisque c'est pour vos offenses
Que ce Dieu souffre aujourd'hui,
Animés par ses souffrances,
Vivez et mourez pour lui.

2. Une croix pour lui cruelle,
C'est l'âme dans le péché,

Par notre chair criminelle,
Qu'il est souvent outragé !
Tout est souillé par nos vices ;
Oh ! que je vois en ces lieux,
Pour mon Jésus, de supplices !
Ah ! pleurez, pleurez mes yeux.

3. Dans un jardin solitaire,
Il sent de rudes combats :
Il prie, il craint, il espère,
Son cœur veut et ne veut pas ;
Tantôt la crainte est plus forte,
Tantôt l'amour est plus fort ;
Mais enfin l'amour l'emporte
Et lui fait choisir la mort.

4. Judas, que la fureur guide,
L'aborde d'un air soumis ;
Il l'embrasse ; et ce perfide
Le livre à ses ennemis.
Judas, un pécheur t'imite
Quant il feint de l'apaiser :
Souvent sa bouche hypocrite
Le trahit par un baiser.

5. On l'abandonne à la rage
De cent tigres inhumains ;
Sur son aimable visage,
Les soldats portent leurs mains.
Vous deviez, anges fidèles,
Témoins de ces attentats,
Ou le mettre sous vos ailes,
Ou frapper tous ces ingrats.

6. Ils le traînent au grand-prêtre
Qui seconde leur fureur,
Et ne veut le reconnaître

Que pour un blasphémateur.
Quand il jugera la terre,
Ce Sauveur aura son tour :
Aux éclats de son tonnerre,
Tu le connaîtras un jour.

7. Chez Pilate, on le compare
Au dernier des scélérats.
Qu'entends-je ? ô peuple barbare !
Tes cris sont pour Barabbas ;
Quelle indigne préférence !
Le juste est abandonné ;
On condamne l'innocence,
Et le crime est pardonné !

8. On le dépouille, on l'attache,
Chacun arme son courroux ;
Je vois cet agneau sans tache
Tombant presque sous les coups.
C'est à nous d'être victimes ;
Arrêtez, cruels bourreaux !
C'est pour effacer nos crimes
Que son sang coule à grands flots.

9. Une couronne cruelle
Perce son auguste front :
A ce chef, à ce modèle,
Mondains, vous faites affront ;
Il languit dans les supplices,
C'est un homme de douleurs :
Vous vivez dans les délices,
Vous vous couronnez de fleurs.

10. Il marche, il monte au Calvaire.
Chargé d'un infâme bois ;
De là, comme d'une chaire,
Il fait entendre sa voix :

Ciel, dérobe à la vengeance
Ceux qui m'osent outrager.
C'est ainsi, quand on l'offense
Qu'un chrétien doit se venger.

11. Une troupe mutinée
L'insulte et crie à l'envi :
Qu'il change sa destinée,
Et nous croirons tous en lui,
Il peut la changer sans peine,
Malgré vos nœuds et vos clous ;
Mais le nœud qui seul l'enchaîne,
C'est l'amour qu'il a pour nous.

*12. Ah ! de ce lit de souffrance,
Seigneur, ne descendez pas,
Suspendez votre puissance,
Restez-y jusqu'au trépas.
Mais tenez votre promesse,
Attirez-nous après vous.
Pour prix de votre tendresse,
Puissions-nous y mourir tous !

13. Il expire, et la nature
Dans lui pleure son auteur ;
Il n'est pas de créature
Qui ne marque sa douleur.
Un spectacle si terrible
Ne pourra-t-il me toucher ?
Et serai-je moins sensible
Que n'est le plus dur rocher ?

N° 23. Pour le saint Jour de Pâques.

1. Jésus parait en vainqueur :
Sa bonté, sa douceur
Est égale à sa grandeur ;
Jésus parait en vainqueur ;
Aujourd'hui donnons-lui notre cœur.
Malgré nos forfaits,
Ses divins bienfaits,
Ses charmants attraits,
Ne nous parlent que de paix.
Pleurons nos forfaits,
Chantons ses bienfaits,
Rendons-nous à ses charmants attraits.

2. Chrétiens, joignez vos concerts ;
Jésus chargé de fers
La mort, fille des enfers.
Chrétiens, joignez vos concerts,
Que son nom réjouisse les airs !
Juste ciel ! quel choix !
Quoi ! le Roi des rois
A dû sur la croix,
Au ciel acquérir des droits !
Embrassons la croix ;
Que ce libre choix
Au ciel assure à jamais nos droits.

3. Je vois la mort sans effroi ;
Mon Seigneur et mon Roi
En a triomphé pour moi.
Je vois la mort sans effroi,
Ce mystère est l'appui de ma foi.
Ah ! si tour à tour,
Lâche et sans amour,

Jusques à ce jour,
Je n'ai payé nul retour,
Du moins dès ce jour,
Ah ! pour tant d'amour,
Je veux payer un juste retour.

No 24. Quand vous contemplerai-je !

Quand vous contemplerai-je,
Délicieux séjour !
Quand avec vous serai-je,
O Jésus mon amour ?

Refrain :

O régions si belles,
Objet de tous mes vœux,
Ah ! que n'ai-je des ailes
Pour m'envoler aux cieux !
Ah ! que n'ai-je des ailes
Pour m'envoler aux cieux !

2. Ah ! comblez mon attente
En m'attirant à vous ;
Pour une âme souffrante
Est-il rien de plus doux ?
O régions, etc.

3. Partons donc, ô mon âme ;
Quittons ces tristes lieux ;
D'une divine flamme
Allons brûler aux cieux.
O régions, etc.

4. Non, non, toute la terre
Ne peut remplir mon cœur.

Qui peut me satisfaire ?
Vous seul, mon doux Sauveur.
O régions, etc.

5. Je méprise la terre,
Ses biens et ses plaisirs ;
Rien ne saurait m'y plaire,
Au ciel sont mes désirs.
O régions, etc,

N° 25. — Même sujet.

1. Sainte cité, demeure permanente,
Sacrés parvis qu'habite le grand Roi,
Où doit un jour régner l'âme innocente,
Quoi de plus doux que de penser à toi !

Refrain : O ma patrie !
O mon bonheur !
Toute ma vie,
Sois le vœu de mon cœur.

Autre refrain :

Au ciel, au ciel est le bonheur.
Au ciel, au ciel vole mon cœur.
Au ciel, au ciel est le bonheur,
Au ciel, au ciel vole mon cœur.

2. Dans tes parvis, tout n'est plus qu'allégresse,
C'est un torrent des plus chastes plaisirs ;
On ne ressent ni peine, ni tristesse,
On ne connait ni plaintes, ni soupirs.
O ma patrie ! etc.

3. Tes habitants ne craignent plus d'orage :
Ils sont au port, ils y sont pour jamais ;

Un calme entier devient leur doux partage,
Dieu, dans leur cœur, verse un fleuve de paix.
O ma patrie ! etc.

4. De quel éclat, ce Dieu les environne !
Ah ! je les vois tout brillants de clarté ;
Rien ne saurait y flétrir leur couronne,
Leur vêtement est l'immortalité.
O ma patrie ! etc.

5. Puisque Dieu seul est notre récompense,
Qu'il soit aussi la fin de nos travaux ;
Dans cette vie, un moment de souffrance,
Mérite au ciel un éternel repos.
O ma patrie ! etc.

N° 26. Le ciel en est le prix.

Le ciel en est le prix !
Que ces mots sont sublimes !
Des plus belles maximes,
Voilà tout le précis.

Refrain : Le ciel, le ciel, le ciel en est le prix.
Le ciel, le ciel, le ciel en est le prix.

2. Le ciel en est le prix !
Mon âme, prends courage :
Ah ! si dans l'esclavage
Ici-bas tu gémis,
Le ciel en est le prix.

3. Le ciel en est le prix !
Amusement frivole,
De grand cœur je t'immole
Aux pieds du crucifix :
Le ciel en est le prix.

4. Le ciel en est le prix !
La loi demande-t-elle ?
Fût-ce une bagatelle,
N'importe, j'obéis :
Le ciel en est le prix.

5. Le ciel en est le prix !
Un rien, Seigneur, vous charme ;
Que faut-il ? Une larme...
Qui n'en serait surpris ?
Le ciel en est le prix !

6. Le ciel en est le prix !
Rends pour moi ce service...
Fais-moi ce sacrifice....
Dieu parle : j'y souscris :
Le ciel en est le prix !

7. Le ciel en est le prix !
Endurons cette injure ;
L'amour-propre en murmure ;
Mais soudain je me dis :
Le ciel en est le prix !

8. Le ciel en est le prix !
Dans l'éternel empire,
Qu'il sera doux de dire :
Tous les maux sont finis !
Le ciel en est le prix.

No 27. Sur le St-Sacrement de l'Autel.

Par les chants les plus magnifiques,
Sion, célèbre ton Sauveur ;
Exalte dans tes saints cantiques
Ton Dieu, ton chef et ton pasteur ;

Redouble aujourd'hui pour lui plaire,
Tes transports, tes soins empressés,
Jamais tu n'en pourras trop faire,
Tu n'en feras jamais assez.

2. Ouvre ton cœur à l'allégresse,
A tout le feu de tes transports,
Lorsque son immense largesse
T'ouvre elle-même ses trésors.
Près de consommer son ouvrage,
Il consacre son dernier jour
A te laisser ce tendre gage
Qui mit le comble à son amour.

3. Je te salue, ô pain de l'ange !
Aujourd'hui, pain du voyageur.
Toi que j'adore et que je mange,
Ah ! viens dissiper ma langueur.
Loin de toi l'impur, le profane,
Pain réservé pour les enfants ;
Mets des élus, céleste manne,
Objet seul digne de nos chants.

4. Honneur, amour, louange et gloire
Te soient rendus, ô bon pasteur !
Vis à jamais dans ma mémoire ;
Sois toujours gravé dans mon cœur.
O pain des forts ! par ta puissance
Soulage mon infirmité ;
Fais qu'engraissé de ta substance,
Je règne dans l'Eternité.

No 28. Tout se tait.

1. Tout se tait, tout est calme, ô moment solen-
D'un saint ravissement mon âme pénétrée, [nel!

Va contempler le Dieu du céleste empyrée
Qui s'immole sur cet autel.

2. Chérubins, descendez du céleste séjour,
Venez, le front voilé de vos tremblantes ailes,
Aidez nos faibles voix de vos voix immortelles
A célébrer le Dieu d'amour.

No 29. Pour l'élévation ou la bénédiction.

Chœur : O roi des cieux !
Vous nous rendez tous heureux ;
Vous comblez tous nos vœux,
En résidant pour nous dans ces lieux.

1. Quoi ! dans ce séjour,
Dieu tout amour !
Pour des ingrats vous mourez chaque jour,
Et l'homme mortel
Y trouve un pain, aliment éternel !
O roi ! etc.

2. Seigneur, vos enfants
Reconnaissants
Sont pénétrés des plus doux sentiments ;
Leurs cœurs, sans retour,
Veulent brûler du feu de votre amour.
O roi ! etc.

3. Chantons tous en chœur :
Louange, honneur
Au doux Jésus, notre aimable Sauveur !
Chantons à jamais
De son amour les éternels bienfaits.
O roi ! etc.

No 30. Même sujet.

1. Allons parer le sanctuaire,
Ornons à l'envi nos autels ;
Jésus, du sein de la lumière,
Descend au milieu des mortels :
Plus il s'abaisse,
Plus sa tendresse
Mérite un généreux retour.
A nos louanges.
O chœur des anges !
Mêlez vos cantiques d'amour.

2. Baignons de pleurs l'auguste table
Où le sang coule encor pour nous.
Au pied de ce calvaire aimable,
Enfants de Dieu prosternez-vous.
De la justice,
Ce sacrifice
Arrête le bras irrité ;
Et sur le juste,
Sa voix auguste.
Du ciel, appelle la bonté.

No 31. Même sujet.

1. Gloire, gloire à Jésus présent dans cette hos-
Célestes séraphins quittez votre séjour ; [tie
La terre vous convie
A bénir en ce jour
La sainte Eucharistie,
Mystère de l'amour,

2. Oh ! quel bonheur, chrétiens, quelle im-
[mense richesse !
Nous possédons ici Jésus notre Sauveur.
Bénissons sa tendresse,
Que devant sa grandeur
Tout s'incline et s'abaisse ;
A lui seul, gloire, honneur !

N° 32. Même sujet.

1. Dans ce profond mystère,
Où la foi sait te voir,
O Dieu que je révère !
Tu fixes mon espoir.

Refrain : Jésus, source de vie,
Qui dans l'Eucharistie
Viens te cacher pour mon amour,
Dans la cité chérie,
Nous te verrons un jour,
O Dieu d'amour !

2. Puisse notre tendresse
Obtenir de ton cœur,
La sublime sagesse
Qui mène au vrai bonheur !
Jésus, etc.

3. Que tout en nous s'unisse
Pour chanter tes bienfaits !
Que ta bonté bénisse
Nos vœux et nos souhaits !
Jésus, etc.

N° 33. Même sujet.

1. Que cette voûte retentisse
Des voix et des chants des mortels ;
Que tout ici s'anéantisse, } *bis.*
Jésus paraît sur nos autels.

2. Quoique caché dans ce mystère
Sous les apparences du pain,
C'est notre Dieu, c'est notre Père, } *bis.*
C'est le Sauveur du genre humain.

3. O divin époux de nos âmes !
Dans cet auguste sacrement,
Embrasez-nous tous de vos flammes, } *bis.*
En vous faisant notre aliment.

N° 34. Même sujet.

1. Divin Jésus, ô tendre Père !
Sous ce voile mystérieux,
Anéanti, je te révère,
La foi te découvre à mes yeux.

Chœur : Doux souverain de ma patrie,
Je te reconnais pour mon roi ;
Jésus, Jésus, quand je reviens à toi,
Je reviens à la vie.

2. Ta grandeur ainsi ne s'abaisse
Que pour captiver notre cœur ;
Heureux si, par notre tendresse,
Nous répondons à ta faveur !
Doux, etc.

3. Heureux séjour de l'innocence,
Asile sacré des élus,
Sois à jamais ma récompense
Dans le sein du Dieu des vertus.
Doux, etc.

N° 35. Même sujet.

1. Jésus se fait victime
Pour nous en ce saint lieu :
O mystère sublime !
Devant toi je m'abîme,
Mon Seigneur et mon Dieu. (*bis*)

2. Celui dont la puissance
Resplendit dans les cieux
Nous cache sa présence ;
Dans son amour immense,
Il se voile à nos yeux. (*bis*)

3. La foi seule pénètre
Ce mystère d'amour,
Nous y fait reconnaître
Le Roi qui règne en maître
Dans l'immortel séjour. (*bis*)

4. O Jésus ! je t'adore !
Je t'aime, tu le sais ;
Et mon cœur qui t'implore,
Veut célébrer encore
Ton amour, tes bienfaits. (*bis*)

N° 36. Pour la Communion.

1. Mon doux Jésus ne paraît pas encore :
Trop longue nuit, dureras-tu toujours ?

Tardive aurore,
Hâte ton cours ;
Rends-moi Jésus, ma joie et mes amours,
Mon doux Jésus, que seul j'aime et j'implore.

2. De ton flambeau, déjà les étincelles,
Astre du jour, raniment mes désirs ;
Tu renouvelles
Tous mes soupirs.
Servez mes vœux, avancez mes plaisirs.
Anges du ciel, portez-moi sur vos ailes.

3. Je t'aperçois, asile redoutable,
Où l'Eternel descend de sa grandeur ;
Temple adorable
Du rédempteur,
Si dans tes murs il voile sa splendeur,
Ce Dieu d'amour n'en est que plus aimable.

4. Sans nul éclat, le vrai Dieu va paraître :
De cet autel, il vient s'unir à moi ;
Est-ce mon maître ?
Est-ce mon roi ?
Laissez, mes yeux, laissez agir ma foi ;
Un œil chrétien ne peut le méconnaître.

N° 37. Même sujet.

Préparation. — ECCE AGNUS DEI.

Refrain : Le voici l'Agneau si doux,
Le vrai pain des anges,
Du ciel il descend pour nous,
Adorons-le tous !...

1. C'est un tendre Père,
C'est le bon Pasteur,
Un ami sincère,
C'est notre Seigneur.
Le voici, etc.

2. C'est la sainte hostie,
Le vrai pain des cieux ;
D'éternelle vie,
Gage précieux.
Le voici, etc.

3. Céleste modèle
D'aimable douceur,
Tous il nous appelle,
Courons à son cœur.
Le voici, etc.

4. Le Dieu de lumière,
Astre bienfaisant,
Entend la prière
Du pauvre et du grand.
Le voici, etc.

5. Sa sainte puissance
Remplit notre cœur
De reconnaissance,
D'amour, de bonheur.
Le voici, etc.

6. Par toi, saint Mystère,
Objet de ma foi,
Je crois, je révère
Mon maître et mon roi.
Le voici, etc.

7. De mon espérance,
Gage précieux,
Viens, par ta présence,

Combler tous mes vœux.
Le voici, etc.

8. De ta vive flamme,
Feu de son amour,
Couronne mon âme
En cet heureux jour.
Le voici, etc.

9. Mais de ma misère,
Dieu de sainteté,
Que l'aveu sincère
Touche ta bonté.
Le voici, etc.

10. Époux de mon âme.
Entends mes soupirs ;
Mon cœur te réclame,
Remplis mes désirs.
Le voici, etc.

11. Le voici, silence !...
Oh ! quelle faveur !
Mon Jésus s'avance,
Il vient dans mon cœur.
Le voici, etc.

N° 38. Même sujet.

Qu'ils sont aimés, grand Dieu, tes tabernacles!
Qu'ils sont aimés et chéris de mon cœur !
Là tu te plais à rendre tes oracles ;
La foi triomphe et l'amour est vainqueur.

2. Qu'il est heureux celui qui te contemple
Et qui soupire aux pieds de tes autels !

Un seul moment qu'on passe dans ton temple
Vaut mieux qu'un siècle au palais des mortels.

3. Je nage au sein des plus pures délices :
Le ciel entier, le ciel est dans mon cœur.
Dieu de bonté, de faibles sacrifices
Méritaient-ils cet excès de bonheur ?

4. En souverain, règne, commande, immole,
Règne surtout par le droit de l'amour.
Adieu, plaisirs ; adieu monde frivole ;
A Jésus seul, j'appartiens sans retour.

No 39. Même sujet.

1. Mon doux Jésus, tout languissant d'amour,
Pour toi, mon cœur soupire dès l'aurore ;
Il te bénit à chaque instant du jour, } *bis.*
Et dans la nuit il te bénit encore.

2. Hélas ! je sens mon âme défaillir ;
Je ne vis plus, je languis, je soupire :
Mon cœur d'amour se sent épanouir.
O bon Jésus ! fais que pour toi j'expire !

3. Oh ! quand viendra ce jour tant désiré,
Où m'envolant dans la sainte patrie,
Je t'y verrai, triomphant, adoré !
Oh ! quand irai-je à la cité chérie ?

No 40. Même sujet.

1. Célébrons ce grand jour par des chants d'al-
Nos vœux sont enfin satisfaits. [légresse
Bénissons le Seigneur, publions sa tendresse ;
Chantons, exaltons ses bienfaits :

Pour nous, tout pécheurs que nous sommes,
Il descend des cieux en ce jour ;
C'est parmi les enfants des hommes
Qu'il aime à fixer son séjour.

Chœur :

Chantons sous cette voûte antique
Le Dieu qui règne sur nos cœurs ;
Célébrons, par un saint cantique,
Et son amour et ses faveurs. (*bis*).

2. En ce jour solennel, nourri du pain des anges,
Bénissons-le, jeunes chrétiens;
Chantons-le tour à tour, répétons les louanges
Du Dieu qui nous comble de biens.
Bon père, à des enfants qu'il aime
(Cieux, admirez tant de bonté !)
Il donne, en se donnant lui-même,
Le pain de l'immortalité.
Chantons, etc.

3. Quoi ! Seigneur, en tremblant l'univers te
La terre frémit devant toi, [contemple,
Et du cœur d'un enfant, tu veux faire ton tem-
Et tu t'abaisses jusqu'à moi ! [ple,
Ah ! puissé-je, avant qu'infidèle,
Je perde un si cher souvenir,
Mourir comme la fleur nouvelle
Cueillie avant de se flétrir.
Chantons, etc.

4. Oui Seigneur, désormais rangés sous ton em-
Nous y voulons vivre et mourir ; [pire,
Mais ce vœu que l'amour aujourd'hui nous ins-
Pouvons-nous sans toi l'accomplir ? [pire,

C'est toi qui nous donnas la vie:
Que ta grâce en règle le cours !
Que ta loi, constamment suivie,
Console enfin nos derniers jours !
Chantons, etc.

N° 41. Au sacré cœur de Jésus.

1. Perçant les voiles de l'aurore,
Le jour apparaît dans les cieux ;
Ainsi, cœur sacré que j'adore,
Tout rayonnant d'amour, tu viens frapper mes
[yeux.

Chœur : Séraphins, à ce roi suprême (*bis*),
Souffrez que j'offre vos ardeurs :
Pour aimer Jésus comme il aime,
Faibles mortels, c'est trop peu de nos cœurs.

2. Que vois-je ? des torrents de flammes
S'élancent du cœur de mon Dieu !
Amour, oui, c'est toi qui l'enflammes ;
Dans tous nos jeunes cœurs allume ce beau
[feu.
Séraphins, etc.

3. Ce cœur généreux, magnanime,
Du ciel irrité contre nous,
Voulut devenir la victime
Et nous mettre à l'abri des traits de son cour-
[roux.
Séraphins, etc.

4. O cœur ! notre unique espérance,
Couronne en ce jour tes bienfaits ;

Deviens le salut de la France,
Et force tous les cœurs à t'aimer à jamais.
Séraphins, etc.

N° 42. Même sujet.

1. Cœur de Jésus, cœur mille fois aimable,
O toi qui fais les délices des cieux !
Source d'amour, de tendresse ineffable,
Sois à jamais l'objet de tous nos vœux.

2. Cœur de Jésus, sois à jamais ma gloire ;
Sois mon amour, mes charmes, ma douceur ;
Sois mon soutien, ma force et ma victoire,
Ma paix, mon bien, ma vie et mon bonheur.

3. Sois à jamais toute mon espérance,
Sois mon secours, mon guide et mon sauveur ;
Sois mon trésor, ma fin, ma récompense,
Mon seul partage et le tout de mon cœur.

N° 43. Pitié, mon Dieu !

1. Pitié, mon Dieu ! c'est pour notre patrie
Que nous prions au pied de cet autel ;
Les bras liés, la face meurtrie,
Elle a porté les regards vers le ciel.

Refrain. Dieu de clémence,
O Dieu vainqueur !
Sauvez, sauvez la France
Au nom du Sacré Cœur !
Sauvez Rome et la France
Au nom du Sacré Cœur !

2. Pitié, mon Dieu ! sur un nouveau calvaire
Gémit le chef de votre Église en pleurs ;
Glorifiez le successeur de Pierre
Par un triomphe égal à sa douceur. — *Ref.*

3. Pitié, mon Dieu ! la Vierge Immaculée
N'a pas en vain fait entendre sa voix.
Sur notre terre ingrate et désolée,
Les fleurs du ciel croîtront comme autrefois. *R.*

4. Pitié, mon Dieu ! pour tant d'hommes fragiles,
Vous outrageant, sans savoir ce qu'ils font ;
Faites renaître en traits indélébiles,
Le sceau du Christ, imprimé sur leur front. *R.*

5. Pitié, mon Dieu ! votre Cœur adorable
A nos soupirs ne sera pas fermé ;
Il nous convie au mystère ineffable
Qui ravissait l'Apôtre bien-aimé. — *Ref.*

6. Pitié, mon Dieu ! que la source de vie
Auprès de nous ne coule pas en vain,
Mais qu'en ces lieux Marguerite-Marie
Nous associe à son tourment divin. — *Ref.*

7. Pitié, mon Dieu ! quand, à votre servante,
De votre Cœur, vous dévoiliez l'amour,
Vous avez vu la France pénitente
A ce trésor, venant puiser un jour. — *Ref.*

8. Pitié, mon Dieu ! trop faibles sont nos âmes
Pour désarmer votre juste courroux :
Embrasez les de généreuses flammes
Et rendez-les moins indignes de vous. — *Ref.*

9. Pitié, mon Dieu ! si votre main châtie
Un peuple ingrat qui semble la braver,
Elle commande à la mort, à la vie,
Par un miracle elle peut nous sauver. — *Ref.*

N° 44 En l'honneur de la Ste-Vierge.

1. Heureux qui du cœur de Marie,
Connaît, honore les grandeurs,
Et qui sans crainte se confie
En ses maternelles faveurs !
Après le cœur du divin Maître,
A qui seul est dû tout encens,
Fut-il jamais et peut-il être
Un cœur plus digne de nos chants ?

Chœur : Marie a triomphé :
Le chant de la victoire
Retentit en tout lieux.
Marie a triomphé :
Chantons, chantons sa gloire,
Marie est dans les cieux ! (*bis*).

2. Les cieux se trouvent sans parure
Auprès des traits de sa beauté.
Et l'astre, roi de la nature,
Près d'elle a perdu sa clarté.
Cours au temple, ô vierge chérie !
Offrir ton cœur à l'Eternel :
Jamais plus agréable hostie
Ne fut portée à son autel.

3. O cœur de la plus tendre mère !
Cœur plein de grâce et de bonté,
Vous sur qui, dans notre misère,
Notre espoir a toujours compté,
Soyez, soyez notre refuge
Et notre appui dans tous les temps ;
Surtout auprès de notre juge,
Dans le dernier de nos instants.

N° 45. Même sujet.

1. Tendre Marie,
Souveraine des cieux,
Mère chérie,
Patronne de ces lieux,
Veillez sur notre enfance,
Sauvez notre innocence,
Conservez-nous ce trésor précieux.

2. Mère de vie,
O doux présent des cieux,
De Dieu choisie
Pour combler tous nos vœux ;
Voyez notre misère,
Montrez-vous notre Mère,
Protégez-nous en ces jours orageux.

3. L'enfer s'élance ;
Dans sa noire fureur,
De notre enfance
Il veut tenir la fleur.
A peine à notre aurore,
Oui, nous vaincrons encore,
Si votre amour nous promet sa faveur.

4. Dès le jeune âge,
On peut être au Seigneur :
De notre hommage,
Offrons-lui la ferveur.
Pour embraser nos âmes,
Ah ! prêtez-nous vos flammes,
Mère de Dieu, prêtez-nous votre cœur.

No 46. Catholique et Français, toujours!

A NOTRE-DAME DE LOURDES.

Refrain :

O Marie, ô mère chérie,
Garde au cœur des Français la foi des anciens [jours ;
Entends du haut du ciel le cri de la patrie :
Catholique et Français toujours
Entends du haut du ciel le cri de la patrie :
Catholique et Français toujours (*bis*).

1. Autour de la source bénie
Tombe à genoux peuple chrétien,
Et que ta bannière chérie
S'incline en ce lieu trois fois saint.

2. Vierge de Lourdes, notre égide,
Ton peuple ne veut pas mourir ;
Écarte un avenir perfide ;
Empêche la foi de périr. O Marie, etc.

3. Console-toi, Vierge Marie,
La France revient à son Dieu ;
Viens, souris à notre patrie !
D'être chrétienne elle a fait vœu! O Marie, etc.

4. Ton nom a volé sur les nues ;
Jusqu'aux confins de l'univers,
Jusqu'aux terres presque inconnues
Ta gloire a traversé les mers ! O Marie, etc.

5. Ton image auguste et sacrée
Partout brille sur les autels,

Et de Lourdes l'Immaculée
Sera le salut des mortels. O Marie, etc.

No 47, Même sujet.

1. Je mets ma confiance,
Vierge, en votre secours :
Servez-moi de défense,
Prenez soin de mes jours ;
Et quand ma dernière heure
Viendra fixer mon sort,
Obtenez que je meure
De la plus sainte mort.

2. A votre bienveillance,
O vierge ! j'ai recours :
Soyez mon assistance
En tous lieux et toujours ;
Vous-même êtes ma Mère,
Jésus est votre Fils ;
Portez-lui la prière
De vos enfants chéris.

3. Sainte Vierge Marie,
Asile des pécheurs,
Prenez part, je vous prie,
A mes justes frayeurs.
Vous êtes mon refuge,
Votre fils est mon roi ;
Mais il sera mon juge,
Intercédez pour moi.

4. Ah ! soyez-moi propice,
Quand il faudra mourir.
Apaisez sa justice :
Je crains de la subir.

Mère pleine de zèle,
Protégez votre enfant,
Je vous serai fidèle
Jusqu'au dernier instant.

N° 48. Même sujet.

Chœur : D'une mère chérie,
Célébrons les grandeurs ;
Consacrons à Marie
Et nos voix et nos cœurs,

Solo : 1. De concert avec l'ange,
Quand il la salua,
Disons à sa louange
Un *Ave Maria*.

2. Modeste créature,
Elle plut au Seigneur,
Et, Vierge toujours pure,
Enfanta le Sauveur.

3. Nous étions la conquête
Du tyran des enfers :
En écrasant sa tête,
Elle brisa nos fers.

4. Que l'espoir se relève
En nos cœurs abattus ;
Par cette nouvelle Eve,
Les cieux nous sont rendus,

5. O Marie ! ô ma mère !
Prenez soin de mon sort :
C'est en vous que j'espère,
En la vie, en la mort.

6. Obtenez-nous la grâce,
A notre dernier jour,
De vous voir face à face
Au céleste séjour.

N° 49. Même sujet.

1. J'entends le monde qui m'appelle,
Mais il m'offre en vain ses appas.
O Marie ! ô reine immortelle !
Je viens me jeter dans tes bras ;
Sous tes drapeaux, toujours fidèle,
Je ne craindrai plus les combats.

Chœur :

Reine des cieux, mère auguste et chérie,
Oui, pour toujours, nous sommes tes enfants ;
Nous le jurons à tes pieds, ô Marie !
Plutôt mourir que trahir nos serments. (*ter*).

2. Laissons au méchant son ivresse,
Ah ! n'envions pas son bonheur :
Sa folle et bruyante allégresse
N'est toujours qu'un masque trompeur ;
Quand le remords suit la tristesse,
Alors il déchire le cœur.
Reine, etc.

3. De fleurs il couronne sa tête,
Et sous ses pas naît le plaisir.
Sa vie est un long jour de fête ;
Mais qu'il se hâte d'en jouir :
La pâle mort déjà s'apprête,
Et je vois l'enfer s'entr'ouvrir.
Reine, etc.

N° 50. Même sujet.

1. Vierge sainte, rose vermeille,
Toi dont nous aimons les autels,
Du haut des cieux prête l'oreille
A nos cantiques solennels.
Tu sais que nous voulons te plaire,
T'aimer, te bénir tous les jours :
Vierge, montre-toi notre Mère, — Toujours.

2. Celui qu'écrasa ta puissance
Veille à la porte de nos cœurs.
Et pour nous ravir l'innocence
Sous nos pas il sème des fleurs.
Nous pourrions, ingrats, te déplaire,
Toi qui nous combles de bienfaits,
Nous, t'oublier, auguste Mère, — Jamais !

3. Du mondain, si l'indifférence,
D'amertume abreuve ton cœur,
Lors même que, dans ta clémence,
Tu tends les bras à son malheur,
Nous, du moins, nous voulons te plaire.
T'aimer, te bénir tous les jours.
Vierge, montre-toi notre Mère, — Toujours.

4. Malheur à l'aveugle coupable
Qui trahirait l'heureux serment
Qu'il te fit, Reine tout aimable,
De te servir fidèlement !
Plutôt mourir que te déplaire,
Toi qui nous combles de bienfaits !
Nous, t'oublier, auguste Mère, — Jamais !

N° 51. Même sujet.

Refrain : Oui, je le crois, elle est immaculée,
La Vierge d'Israël, Mère du Roi des rois (*bis*)
Le ciel a prononcé, notre attente est comblée,
Oui, je le crois, oui je le crois.

1. O jour trois fois heureux, appelé par la terre
Tu ne brillais encor qu'au sein de l'avenir ;
Aujourd'hui sur nos fronts rayonne ta lumière;
Combien nous devons te bénir !

2. En te donnant déjà ce beau titre, ô Marie,
De notre seul amour nous écoutions la loi ;
Aujourd'hui nous t'offrons, Mère aimable et [chérie.
Notre amour avec notre foi.
Oui, je le crois, etc.

3. Puisse Jésus nous dire à notre heure der- [nière,
Quand nous comparaîtrons, muets et conster- [nés :
Vous avec combattu pour l'honneur de ma [Mère,
Vous ne serez pas condamnés.
Oui, je le crois, etc.

4. Aux pieds de notre Reine, en ce jour d'allé- [gresse,
Préludons par nos chants au cantique éternel :
Ah! répétons encor, pleins d'une sainte ivresse
Notre acte de foi solennel :
Oui, je le crois, etc.

N° 52. Même sujet.

1. Unis aux concerts des anges,
Aimable Reine des cieux,
Nous célébrons tes louanges
Par nos chants mélodieux.

Chœur : De Marie,
Qu'on publie
Et la gloire et les grandeurs,
Qu'on l'honore,
Qu'on l'implore,
Qu'elle règne sur nos cœurs.

2. Auprès d'elle la nature
Est sans grâce et sans beauté ;
Les cieux perdent leur parure,
L'astre du jour sa clarté.

3. C'est le lis de la vallée
Dont le parfum précieux,
Sur la terre désolée,
Attira le Roi des cieux.

4. C'est la Vierge incomparable,
Gloire et salut d'Israël,
Qui, pour un monde coupable,
Fléchit le courroux du Ciel.

5. En vain l'enfer en furie
Frémirait autour de vous,
Si vous invoquez Marie,
Vous braverez son courroux.

No 53. Chant de saint Casimir.

Reine des cieux,
Entends les vœux
De ta famille pieuse ;
Que sa ferveur
Touche ton cœur,
Mère toujours bienheureuse !

2. Un fruit amer
Ouvrit l'enfer,
Ève du ciel fut bannie ;
Mais ce séjour
Du pur amour
Se rouvre au nom de Marie.

3. Verbe incarné,
Jésus est né
Pour sauver par toi le monde ;
Et c'est en lui,
Par ton appui,
Que tout notre espoir se fonde.

4. Des matelots,
Au sein des flots,
Tu protèges le voyage ;
Et des soldats,
Dans les combats,
Tu relèves le courage.

5 Puisque la foi
Sut avec toi
Jadis rendre heureux nos pères,
Que ce trésor
Nous soit encor
Le gage des jours prospères.

6. Que ton rayon,
Loin de Sion,
Chasse toujours les tempêtes ;
Et sous l'azur
D'un ciel bien pur
Viens présider à nos fêtes.

N° 54. A Marie.

Refrain.

Ton amour fait mon bonheur,
O Reine immortelle ;
Ton nom fait battre mon cœur...
O joie ! ô douceur !

1. Le monde m'appelle...
Mais c'est un trompeur.
Je serai fidèle :
Il m'est en horreur.

2. Au fort de l'orage,
Je cours dans tes bras,
Je reprends courage
Et je dis tout bas :

3. Dans ton doux sourire
Plein d'amour pour moi,
Il me semble lire :
Je suis avec toi.

4. J'étais si coupable !
Oh ! les jours amers !...
Reine tout aimable,
Tu brisas mes fers.

5. Moi, que je t'oublie!
Ah! plutôt mourir!
T'aimer, c'est ma vie,
Puis-je te trahir?

6. Ton joug est aimable,
Ton fardeau léger;
Vierge secourable,
Puis-je le changer?

7. Vierge ma défense,
Vierge mon secours,
Ma reconnaissance
Durera toujours.

8. Je veux que ma tombe
Touche ton autel;
O blanche colombe!
Ouvre-moi le ciel.

No 55. Nous voulons Dieu.

Nous voulons Dieu, Vierge Marie!
Prête l'oreille à nos accents.
Nous t'implorons, Mère chérie,
Viens au secours de tes enfants.

Refrain. Bénis, ô tendre Mère,
Ce cri de notre foi:
Nous voulons Dieu, c'est notre père;
Nous voulons Dieu, c'est notre roi.
Nous voulons Dieu, c'est notre père;
Nous voulons Dieu, c'est notre roi.

2. Nous voulons Dieu, ce cri de l'âme,
Que nous poussons à ton autel,

Ce cri d'amour qui nous enflamme,
Par toi qu'il monte jusqu'au ciel.

3. Nous voulons Dieu, car les impies
Contre lui se sont soulevés,
Et dans l'excès de leurs furies
Ils le bravent, les insensés.

4. Nous voulons Dieu dans la famille,
Dans l'âme de nos chers enfants,
Pour que la foi s'accroisse et brille
A nos foyers reconnaissants.

5. Nous voulons Dieu dans nos écoles,
Afin qu'on enseigne à nos fils
Sa loi, ses divines paroles,
Sous le regard du crucifix.

6. Nous voulons Dieu ! Que sa clémence
Exauce nos ardents désirs.
S'il faut du sang pour ta défense,
Seigneur, nous serons tes martyrs.

N° 56. Mois de Marie.

Chœur : C'est le mois de Marie,
C'est le mois le plus beau :
A la Vierge chérie
Disons un chant nouveau.

1. Ornons le sanctuaire
De nos plus belles fleurs ;
Offrons à notre mère
Et nos chants et nos cœurs.
C'est le mois.

2. De la saison nouvelle,
On vante les bienfaits ;
Marie est bien plus belle,
Plus doux sont ses attraits.
C'est le mois.

3. L'étoile éblouissante
Qui jette au loin ses feux
Est bien moins éclatante,
Son aspect moins pompeux.
C'est le mois.

4. Défends notre jeunesse
Des plaisirs séduisants ;
Montre-nous ta tendresse
Jusqu'à nos derniers ans.
C'est le mois.

N° 57. Immaculée Conception de la Très-Sainte-Vierge.

1. Quelle est cette aurore nouvelle,
Dont le lever est si pompeux ?
Qu'elle est brillante, qu'elle est belle !
Est-il astre plus radieux ?
Repliant tes voiles funèbres,
Trop longue nuit, rentre aux enfers,
Et de l'empire des ténèbres
Délivre enfin cet univers.

2. Je la vois, ma libératrice,
S'élever avec majesté,
Et, toute belle de justice,
Des cieux effacer la beauté.
Tandis qu'aux pieds de cette reine
J'entends frémir notre tyran,

Les anges de leur souveraine,
Escortent le char triomphant,

3. Au milieu d'une race impure,
Ton cœur, Marie, est innocent,
Et tu le montres sans souillure
Aux yeux ravis d'etonnement.
Tel, parmi de tristes ruines,
S'élève un temple somptueux,
Où tel, du milieu des épines,
S'élance un lis majestueux.

No 58. Salut, ô Vierge Immaculée.

1. Salut, ô Vierge immaculée,
Brillante étoile du matin !
Que l'âme ici-bas exilée
N'a jamais invoquée en vain.
De tes enfants exauce les prières,
Du haut du ciel daigne les protéger ;
Mère chérie entre toutes les mères,
Sois-nous propice à l'heure du danger. } *bis.*

2. Quand, loin de cet aimable asile
De l'innocence et du bonheur,
Où tu sais nous rendre facile
La loi sainte d'un Dieu sauveur,
Mille ennemis, mille cruelles guerres
Nous rendront lourd ce fardeau si léger,
Mère bénie entre toutes les mères,
Sois-nous propice à l'heure du danger. } *bis.*

3. Veille sur nous, tendre Marie,
Surtout à l'heure du trépas :
Fais qu'en la céleste patrie
Ton fils nous reçoive en ses bras.

Quand, précédé d'éclairs et de tonnerres,
Avec rigueur il viendra nous juger,
Mère bénie entre toutes les mères,
Sois-nous propice en ce pressant danger. } *bis*.

N° 59. Adressons notre hommage.

1. Adressons notre hommage,
A la Reine de cieux ;
Elle aime du jeune âge
La candeur et les vœux.

Refrain : O vierge sainte et pure,
Notre cœur, en ce jour,
Vous promet et vous jure
Un éternel amour.

2. Du beau Nom de Marie
Faisons tout retentir ;
Qu'elle-même attendrie,
Daigne nous applaudir. — *Ref.*

3. Tout ici parle d'Elle :
Son Nom règne en ces lieux :
Nous croissons sous son aile ;
Nous vivons sous ses yeux. — *Ref.*

4. Cet autel est le trône
D'où coulent ses faveurs.
Son divin Fils lui donne
Tous ses droits sur nos cœurs. — *Ref.*

5. Pour nous, qu'elle rassemble
Au pied de cet autel,
Jurons-lui tous ensemble
Un amour éternel. — *Ref.*

6. Marie est notre Mère,
Nous sommes ses enfants ;
Consacrons à lui plaire
Tout le cours de nos ans. — *Ref.*

7. Nous voulons, avec zèle,
Imiter vos vertus :
Vous êtes le modèle,
Que suivent les élus. — *Ref.*

8. Protégez-nous sans cesse,
Nous sommes vos enfants ;
Guidez notre jeunesse,
Soutenez nos vieux ans. — *Ref.*

9. Et parmi les orages
D'un monde séducteur.
Sauvez-nous des naufrages ;
Gardez-bien notre cœur. — *Ref.*

No 60. A Notre-Dame de Lourdes.

1. Notre-Dame des Pyrénées,
Toi que chantent les pèlerins,
Sur leurs phalanges prosternées
Abaisse tes regards divins.
Pour notre patrie en souffrance
Nos voix implorent ton secours
Vierge sainte, sauve la France !...
La France qui t'aime toujours !

Chœur :

Reine auguste, Vierge Marie,
Protectrice de nos aïeux,
Sois toujours de notre patrie
Le rempart le plus glorieux !

2. Sur ces monts, Reine d'espérance,
Ta gloire un jour vint resplendir,
Tu vins sourire à l'innocence
Et pleurer sur notre avenir.
Ah ! souviens-toi, reine immortelle,
De la France et de ses douleurs !
Souviens-toi, Vierge, que pour elle,
Des cieux tu quittas les splendeurs !
Reine auguste, etc.

3. De ton Fils bravant la colère,
Satan veut régner ici-bas,
Les airs sont pleins de bruits de guerre,
La terre tremble sous nos pas !
La mort, de ses voiles funèbres
Est prête à couvrir l'univers,
Et les puissances des ténèbres
Semblent déserter les enfers.
Reine auguste, etc.

4. Lève-toi, Vierge Immaculée,
Brise le glaive des méchants,
Et de la France mutilée
Protège encore les enfants !
Combats pour nous, sainte Patronne,
Rends-nous la victoire et la paix :
Ces monts sacrés seront le trône
Où tu règneras pour jamais !
Reine auguste, etc.

5. Sur ces rochers, où tes oracles
Se mêlaient au doux bruit des eaux,
Par les plus éclatants miracles,
Tu te plais à guérir nos maux.
Ah ! pour nous quel heureux présage
Et de gloire et de liberté !..
La France encor sera l'image

De ta force et de ta beauté !
Reine auguste, etc.

6. O blanches neiges des montagnes !
Glaciers, vastes miroirs des cieux,
Frais vallons, riantes campagnes,
Répétez nos refrains pieux !
Gave azuré, roule tes ondes,
Dont le murmure est éternel,
Redis aux bords que tu fécondes
Notre cantique solennel.

Chœur :

Reine auguste, Vierge Marie,
Protectrice de nos aïeux,
Sois toujours de notre patrie
Le rempart le plus glorieux !

N° 61. O sanctissima.

O sanctissima,
O purissima, dulcis
Virgo Maria
Mater amata, in temerata,
Ora, ora pro nobis.

N° 62. Elle triomphera cette Église...

1. Elle triomphera, cette Eglise immortelle ;
Dieu saura dissiper de perfides complots ;
Des méchants conjurés la ligue criminelle
De leur rage à ses pieds verra briser les [flots } *bis.*

2. Arbre faible en naissant et battu par l'orage,
Elle étend aujourd'hui sur cent peuples divers
De ses rameaux sacrés le salutaire om- [brage, } *bis.*
Et sa gloire finit où finit l'univers.

3. Elle voit de l'enfer les fureurs déchaînées
De son tronc vénérable affermir la vigueur,
Tandis que sans honneur languissent des- [séchées } *bis,*
Les branches qu'infecta le poison de l'erreur

4. Mais le Dieu qui toujours assure sa victoire
Souvent l'éprouve aussi par d'amères douleurs;
Efforçons-nous toujours de procurer sa [gloire, } *bis.*
Et par un zèle ardent nous sé- cherons ses pleurs.

No 63. Je suis chrétien !

Refrain :

Je suis chrétien ! voilà ma gloire,
Mon espérance et mon soutien,
Mon chant d'amour et de victoire ;
Je suis chrétien, je suis chrétien.

1. Je suis chrétien, sur cette terre
Je passe comme un voyageur ;
Tout ici-bas n'est que misère ;
Je vais au séjour du bonheur. - Je suis, etc.

2. Je suis chrétien, par mon baptême
Je l'ai juré dans le saint lieu ;
Et je le jure, à l'instant même :
Je suis chrétien, je suis à Dieu. - Je suis, etc.

3. Je suis chrétien ; mais la jeunesse
A livré mon cœur au plaisir ;
Aujourd'hui le remords m'oppresse :
Pour Dieu je veux vivre et mourir, Je suis, etc.

4. Je suis chrétien : sur le Calvaire
Un Dieu fait homme est mort pour moi.
Oh ! prends pitié de ma misère;
Seigneur Jésus ! je suis à toi. Je suis, etc.

N° 64. Même sujet.

1. Venez, tressaillons d'allégresse
Devant l'autel du Seigneur :
Chantons, célébrons la tendresse
De la mère du Sauveur.

Chœur : O Mère immaculée !
Nous sommes à genoux ;
Mère d'amour consumée,
Priez, priez pour nous

2. O ma Mère ! je viens encore
M'ombrager auprès de vous :
Vos traits, qui reflètent l'aurore,
Aux jeunes cœurs sont si doux !
O mère ! etc.

3. Veillez sur nous, ô tendre Mère,
Protégez tous vos enfants ;
Et dans ce séjour solitaire
Fixez leurs pas chancelants.
O mère ! etc.

N° 65. Triomphez, Reine des cieux.

Refrain :

Triomphez, Reine de cieux,
A vous bénir que tout s'empresse ;
Triomphez, Reine des cieux,
Dans tous les temps, dans tous les lieux.
Que l'amour nous prête,
En ce jour de fête,
Que l'amour nous prête
Ses plus doux accords,
Et que notre voix s'apprête
A seconder ses efforts.

2. Célébrons en ce saint jour
Les vertus de l'humble Marie ;
Célébrons en ce saint jour
Et ses bienfaits et son amour.
Sans cesse enrichie,
Jeunesse chérie,
Sans cesse enrichie
Des plus heureux dons,
C'est de la main de Marie,
Enfants, que nous les tenons. Triomphez, etc.

3. Qu'à jamais de ses faveurs
Nos chants rappellent la mémoire ;
Qu'à jamais de ses faveurs
Le souvenir charme nos cœurs.
Le ciel et la terre,
Ravis de lui plaire,
Le ciel et la terre
Chantent ses bienfaits :
Vos enfants, ô tendre Mère !
Vous oublieraient-ils jamais ? Triomphez, etc.

4. Achevez notre bonheur,
Comblez notre douce espérance ;
Achevez notre bonheur,
Et gardez-nous dans votre cœur.
Guidez de l'enfance,
Par votre assistance,
Guidez de l'enfance
Les pas chancelants ;
Et que l'aimable innocence
Couronne nos derniers ans. Triomphez, etc.

N· 66. Tendre Marie.

Tendre Marie,
Mère chérie,
O vrai bonheur du cœur !
Ma tendre Mère,
En toi j'espère,
Sois mon secours, toujours,
Sois mon secours, toujours.

1. Tout ce qui souffre sur la terre
En toi trouve un puissant secours :
Ton cœur entend notre prière,
Et ton cœur nous répond toujours.
Tendre Marie, etc.

2. Tu nous consoles dans nos peines,
Tu viens à nous dans l'abandon ;
Du pécheur tu brises les chaînes,
C'est toi qui donnes le pardon.
Tendre Marie, etc.

3. Je te consacre donc mes peines,
Je te consacre ma douleur ;

Unissant mes larmes aux tiennes,
Je taris ma source de pleurs.
Tendre Marie, etc.

No 67. Fête de tous les Saints.

1. Quand verrai-je la douce patrie
Où Dieu seul fera tout mon bonheur ;
Où mon âme, d'amour attendrie,
Ne doit brûler que pour le Seigneur ?

Chœur :

Ah ! pourquoi sur la rive étrangère
Prolongerais-je encor mon séjour ?
Voyageur exilé sur la terre,
Loin du ciel je languis nuit et jour.

2. De Jésus la charité me presse :
Mes désirs sont les fruits de la foi ;
Si la mort m'inspire tant d'ivresse,
C'est qu'au Ciel sont tous les biens pour moi.
Ah ! pourquoi, etc.

3. Les soupirs, les pleurs sont mon partage,
Malheureux habitant de Cédar ;
Oh ! quand quitterai-je ce rivage ?
Quand viendra le signal du départ ?
Ah ! pourquoi, etc.

No 68. Les Saints.

Refrain. 1. Chantons les combats et la gloire
Des saints, nos illustres aïeux ;
Ils ont remporté la victoire,
Ils sont couronnés dans les cieux.

Il n'est plus pour eux de tristesse,
Plus de soupirs, plus de douleurs ;
Ils moissonnent dans l'allégresse
Ce qu'ils ont semé dans les pleurs.

2. Objets des tendres complaisances
De l'Eternel, du Tout-Puissant,
Ses grandeurs sont leurs récompenses,
Son amour est leur aliment.
Ce divin soleil de justice,
Toujours échauffe, toujours luit,
Sans que jamais il s'obscurcisse :
C'est, dans le ciel, un jour sans nuit.

3. Là, d'une grandeur éternelle,
Brillent les Martyrs triomphants,
Et dans une gloire immortelle
Règnent les Confesseurs constants :
Les Vierges offrent leurs couronnes,
Les époux leur fidélité,
Le riche montre ses aumônes
Et le pauvre sa piété.

4. Là, d'une charité parfaite,
Tous les Bienheureux sont unis ;
De cette paisible retraite
Tous les envieux sont bannis.
Il n'est plus de sollicitude
Qui trouble leur félicité ;
Ils sont dans une quiétude
Qui remplira l'éternité.

5. Grands saints, vous êtes nos modèles,
Nous serons vos imitateurs ;
Nous voulons vous être fidèles :
Daignez être nos protecteurs.
Puissions-nous, marchant sur vos traces,

Être toujours à Dieu soumis.
Sollicitez pour nous ses grâces,
Puisque vous êtes ses amis.

6. Vous habitez votre patrie,
Et nous errons comme étrangers ;
Votre sort est digne d'envie,
Et le nôtre plein de dangers,
Vous fûtes tout ce que nous sommes,
Au mal exposés comme nous ;
Demandez au Sauveur des hommes,
Qu'un jour nous régnions avec vous.

N° 69. En l'honneur de Saint Joseph

1. Chaste époux d'une vierge mère,
Qui nous adopta pour enfants,
Soyez aussi notre bon père,
Prenez pour nous ses sentiments.

Chœur. Puissant protecteur de l'enfance,
Trop heureux gardien de Jésus,
Obtenez-nous son innocence,
Faites croître en nous ses vertus.

2. Qu'il est beau, qu'il est plein de grâce,
Ce lis qui brille dans vos mains !
Sa céleste blancheur efface
La couronne de tous les saints.
Puissant, etc.

3. O chef de la famille sainte !
Saint Patriarche, ô noble époux !
Joseph ouvrez-moi cette enceinte,
Où mon Dieu vécut avec vous.
Puissant, etc.

4. Daignez tous les jours de ma vie
Veiller sur moi, me secourir ;
Et qu'entre Jésus et Marie
Comme vous, je puisse mourir.
Puissant, etc

N° 70. Même sujet.

Refrain.

Gloire à Joseph (*bis*) ; gloire au plus haut des [Cieux !
Tout à Jésus, tout à Marie,
Près d'eux, il a passé sa vie
Il est mort (*bis*) auprès d'eux.

Il était pauvre alors que sur la terre
Il fut chargé de veiller sur Jésus ;
D'un Dieu fait homme, il a nourri la mère,
Joseph était si riche de vertus !
Simple artisan, il a connu la peine,
Et la sueur a coulé de son front...
O pauvres ouvriers, qui vivez dans la gêne, } *bis.*
Priez Joseph, il est votre patron ! }

N° 71. Même sujet.

Noble époux de Marie,
Digne objet de nos chants,
Notre cœur t'en supplie,
Veille sur tes enfants.

Refrain : Veille sur tes enfants (*bis*).

2. Le Sauveur, sur la terre,
Reçut tes soins touchants :

Toi qu'il nomma son père,
Veille sur tes enfants.
Veille, etc.

3. Témoin de sa naissance
Et de ses jeunes ans,
Gardien de son enfance,
Veille sur tes enfants.
Veille, etc.

4. Au jour de la colère,
Tu ravis aux tyrans
Le Sauveur et sa Mère;
Veille sur tes enfants.
Veille, etc.

5. Toi dont l'obéissance.
En ces dangers pressants,
Devient leur providence,
Veille sur tes enfants.
Veille, etc.

6. Toi dont la main féconde
A nourri si longtemps
Le créateur du monde,
Veille sur tes enfants.
Veille, etc.

No 72. Pour les enfants de Marie.

AUX JOURS DES RÉUNIONS

1. Rassemblons-nous dans ce saint lieu,
De nos cœurs, offrons tous l'hommage:
A la mère du fils de Dieu,
Nous voulons être sans partage.

Chœur : Chantons sa bonté, son amour,
Elle aime la jeunesse
Jurons de l'aimer en retour
Et de l'aimer sans cesse.

2. Nous venons tous à ses genoux
Lui jurer l'amour le plus tendre.
L'aimer est-il rien de si doux ?
Un cœur pourrait-il s'en défendre ?
Chantons sa bonté, etc.

3. Sur vous se fonde notre espoir ;
Vous guiderez notre jeunesse ;
A vos mains, nous voulons devoir
L'heureux trésor de la sagesse.
Chantons sa bonté, etc.

4. Vous serez sensible à nos vœux :
Nous vous serons toujours fidèle
Et vous nous obtiendrez des cieux
Les biens, les douceurs éternelles.
Chantons sa bonté, etc.

N° 73. Même sujet.

Chœur. Bénissons à jamais
Le Seigneur dans ses bienfaits ;
Bénissons à jamais
Le Seigneur dans ses bienfaits.

1. Bénissez-le, saints Anges,
Louez sa majesté,
Rendez à sa bonté
Mille et mille louanges.
Bénissons, etc.

2. Il a guéri mon âme,
Comme un bon médecin,
Comme un flambeau divin,
Il m'éclaire et m'enflamme.
Bénissons, etc.

3. Ma devise chérie,
Ma gloire et mon bonheur,
Seront d'être au Seigneur
Pendant toute ma vie.
Bénissons, etc.

4. Dieu seul est ma tendresse,
Dieu seul est mon soutien,
Dieu seul est tout mon bien,
Ma vie et ma richesse.
Bénissons, etc.

No 74. Cantique populaire au Bienheureux de La Salle.

Refrain.

Honneur et gloire à vous, Bienheureux de La Salle.
De l'enfance chrétienne immortel protecteur ;
Que le plus saint amour vers vous toujours s'exhale,
Comme l'encens divin au temple du Seigneur.

1. Du Bienheureux La Salle, au front brillant de gloire,
Chantez, peuples, chantez les bienfaits immortels ;
Que des hymnes sans fin consacrent sa mémoire ;
Que pour lui tous les cœurs deviennent des autels.
Honneur et gloire, etc.

2. Anges saints, dites-nous quelle gloire est la sienne ;
Et puisque vous chantez les héros glorieux,
Pour le grand bienfaiteur de l'enfance chrétienne
Entonnez dans le ciel l'hymne des bienheureux!

3. Enfants, qui grandissez à l'ombre de son aile,
Où dans la vérité se repose le cœur,
Bénissez vous aussi sa bonté paternelle
Et dites de son nom l'ineffable douceur.

4. Et vous, humbles enfants du Bienheureux La Salle,
Laissez pour votre père éclater les transports;
Et que de ce grand jour la pompe triomphale
Inspire à votre amour de sublimes accords.

5. Pour bénir votre nom, ô Bienheureux La Salle,
Et la terre et les cieux s'uniront désormais ;
Hymnes saints, chants d'amour, tendresse filiale,
Tous les trésors du cœur sont à vous pour jamais.

6. Du ciel où vous régnez, tendre ami de l'enfance,
Etendez sur nous tous votre bras protecteur ;
Des pièges de l'erreur préservez l'innocence
Et de votre famille assurez le bonheur.

No 75. Au Bienheureux J.-B. de La Salle

Refrain :

Véritable ami de l'enfance,
Bienheureux de La Salle, à vous nos chants,
[nos vœux !

Guidez nos pas, soyez notre défense,
Protégez-nous du haut des cieux !
Protégez-nous, protégez-nous du haut des
[cieux !

1. Vous dont l'enfance pieuse
Fleurissait près du saint lieu
Et grandissait, studieuse,
Belle et pure devant Dieu,
Des enfants soyez l'exemple
Que Jésus, leur Roi si doux,
Avec amour les contemple,
Bons et sages comme vous. Vérita-

2. Si le monde vous encense.
Vous fuyez ces vains appas,
Et la fleur de l'innocence
En vous ne se flétrit pas.
Obtenez à la jeunesse
Foi, vaillance et piété ;
Que son front reste sans cesse
Un miroir de pureté.

3. Du Seigneur devenu prêtre,
Quand vous montez à l'autel,
On vous y voit apparaître
Plus en ange qu'en mortel.
Que nos cœurs, dans la prière,
Se pénètrent chaque jour
De la divine lumière
Et des feux du saint amour.

4. Vous domptez la chair rebelle
Pour la soumettre à l'esprit,
Et votre part, la plus belle,
C'est la croix de Jésus-Christ.
Puissions-nous de la mollesse
Préserver toujours nos cœurs,

Et, malgré notre faiblesse,
Du combat sortir vainqueurs.

5. Pour la richesse fragile
Vous n'avez que du mépris ;
Vous trouvez dans l'Evangile
Des trésors d'un plus grand prix.
Que notre âme se détache
Des faux biens, des faux plaisirs,
Pour monter libre et sans tache
Jusqu'au ciel par ses désirs.

6. Contre la peine ou l'épreuve,
Par la grâce prémuni,
Si l'angoisse vous abreuve
Vous chantez : « Dieu soit béni ! »
Que nos cœurs, comme le vôtre,
Se consument pour Jésus ;
Enseignez-nous, saint apôtre,
Le secret de vos vertus,

7. Reims, Paris, Rouen, Grenoble,
Vous ont vu, prêtre et docteur,
Rendre à jamais grand et noble
L'humble état d'instituteur.
Pour les maîtres du jeune âge,
Enseigner de Dieu la loi,
Quel glorieux apanage !...
Donnez-leur l'esprit de foi.

8. Par vous l'école chrétienne
A l'enfance offre un abri,
Pour que la foi se maintienne
Au sein d'un monde appauvri.
Désormais sous l'auréole
Votre front resplendira,
O doux Patron de l'école,
Et votre œuvre grandira.

PRIÈRE

pour invoquer la protection de la Très Sainte Vierge.

Sub tutum præsidium confugimus, sancta Dei Genitrix : nostras deprecationes ne despicias in necessitatibus, sed a periculis cunctis, libera nos semper, Virgo gloriosa et benedicta.

TABLE GÉNÉRALE

SELON L'ORDRE DES MATIÈRES.

Page.

Réglement général 3
Ordre des séances 14
Manuel 15
Prière du matin 15
Litanies du saint Nom de Jésus 21
Prière pendant le jour 23
Exercice pour la **Confession** 30
Prière du soir 24
Litanies de la T. S. Vierge 26
Prière avant l'examen de conscience 31
Examen de conscience 32
Exercice pour la **Communion** 42
Prière après la Communion : « O bon et très doux Jésus » 49
— à la T. S. Vierge 50
— à saint Joseph 51
— pour la visite au T. S. Sacrement. 53
Formule des Congréganistes 55
— des Sociétaires 55
— des Agrégés 56

Réponses de la Messe........................ 58
La sainte Messe........................ 64
Petites Vêpres........................ 86
Choix de Cantiques........................ 100

TABLE PARTICULIÈRE

SELON L'ORDRE ALPHABÉTIQUE

Antiennes à la Vierge.

Regina Cœli........................ 91
Salve Regina........................ 91
Sub tuum........................ 178

Chants joyeux.

Te Deum........................ 84
Magnificat........................ 88
Adeste, fideles........................ 91
O filii et filiæ........................ 93

Hymnes.

Ave, maris stella........................ 89
O salutaris Hostia........................ 77
Pange lingua........................ 98
Te, Joseph........................ 95
Alma quem Sion (Au B. H. de La Salle). 96

Veni, Creator........................ 97
Vexilla Regis........................ 92

Prose.

Inviolata........................ 90

Psaumes.

De profundis........................ 52
Dixit, Dominus........................ 86
Laudate, Dominum........................ 88
Laudate, pueri, Dominum........................ 87
Sub tuum præsidium........................ 178

TABLE DES CANTIQUES

SELON L'ORDRE DES MATIÈRES

Invocation au Saint-Esprit.

Esprit-Saint, Dieu de lumière........................ 100

Noëls.

Dans cette étable........................ 110
Il est né le divin Enfant........................ 108
Les Anges dans nos campagnes........................ 109
Venez divin Messie........................ 107

Vérités éternelles. — Retraite.

Armons-nous........................ 115
Bravons les enfers........................ 101
Bénissons à jamais........................ 173
Hélas! quelle douleur........................ 120
Il n'est pour moi........................ 105
Je suis chrétien........................ 164
Le monde en vain........................ 117
Mon cœur en ce jour solennel........................ 103
Mon doux Jésus, enfin voici le temps........................ 119
Si le péché........................ 101
Seigneur, Dieu de clémence........................ 118
Tout n'est que vanité........................ 112
Travaillez à votre salut........................ 114

Eucharistie.

Allons parer le Sanctuaire........................ 133
Célébrons ce grand jour........................ 140
Dans ce profond mystère........................ 134
Divin Jésus, ô tendre père........................ 135
Goûtez âmes ferventes........................ 105
Gloire, gloire à Jésus........................ 133
Jésus se fait victime........................ 136
Le voici l'Agneau si doux........................ 137
Mon doux Jésus ne paraît pas encore........................ 136
Mon doux Jésus tout languissant d'amour........................ 146
O Roi des Cieux........................ 132

Par les chants les plus magnifiques........ 130
Perçant les voiles de l'aurore 142
Que cette voûte retentisse 135
Qu'ils sont aimés.................... 139
Tout se tait, tout est calme 131

Sacré-Cœur de Jésus.

Cœur de Jésus 143
Le prince de ce monde s'avance.......... 121
Pitié, mon Dieu...................... 143

Très Sainte Vierge.

Adressons nos hommages................ 160
C'est le mois de Marie................. 157
D'une mère chérie 149
Elle triomphera cette Eglise.............. 163
Heureux qui du cœur de Marie............ 145
Je mets ma confiance................... 148
J'entends le monde qui m'appelle 150
Notre-Dame des Pyrénées 161
O Marie, ô mère chérie................. 147
Oui, je le crois, elle est immaculée 152
O sanctissima 163
Quelle est cette aurore nouvelle.......... 138
Reine des cieux...................... 154
Rassemblons-nous dans ces saints lieux... 172
Salut, ô Vierge immaculée............... 159
Ton amour fait mon bonheur.............. 155

Tendre Marie, souveraine des cieux 146
Tendre Marie, mère chérie................ 167
Triomphez, reine des cieux 166
Unis aux concerts des Anges............. 153
Vierge sainte, rose vermeille............ 151
Venez, tressaillons d'allégresse.......... 165

L'Église.

Pourquoi ces vains complots 116

Cantiques divers.

Au sang qu'un Dieu va répandre 122
Chantons victoire....................... 102
Jésus paraît en vainqueur................ 126
Nous voulons Dieu 156
Quand Jésus vint sur la terre 104

Le Ciel.

Chantons les combats et la gloire 168
Le ciel en est le prix 129
Quand vous contemplerai-je.............. 127
Quand verrai-je la douce patrie........... 168
Sainte cité 128

Saint Joseph.

Chaste époux d'une Vierge mère 170
Gloire à Joseph 171
Noble époux de Marie 171

B. H. de La Salle.

Honneur et gloire à vous B. H. de La Salle 174
Véritable ami de l'enfance 175

TABLE DES CANTIQUES

SELON L'ORDRE ALPHABÉTIQUE

A.

Armons-nous, la voix du Seigneur........ 115
Au sang qu'un Dieu va répandre......... 122
Allons parer le sanctuaire............... 133
Adressons nos hommages................ 160

B.

Bravons les enfers....................... 101
Bénissons à jamais 173

C.

Chantons victoire 102
Célébrons ce grand jour 140
Cœur de Jésus, cœur mille fois aimable ... 143
C'est le mois de Marie...... 157
Chantons les combats et la gloire 168
Chaste époux d'une Vierge mère 170

D.

Dans cette étable........................ 110
Dans ce profond mystère 134
Divin Jésus, ô tendre père................ 135
D'une mère chérie 149

E.

Esprit-Saint, Dieu de lumière............ 100

G.

Goûtez, âmes ferventes................... 106
Gloire, gloire à Jésus.................... 133
Gloire à Joseph........................... 171

H.

Hélas ! quelle douleur 120
Heureux qui du cœur de Marie............ 145
Honneur et gloire à vous B. H. de La Salle 174

I.

Il n'est pour moi......................... 105
Il est né le divin Enfant................. 108

J.

Jésus paraît en vainqueur................ 126
Jésus se fait victime..................... 136
Je mets ma confiance...................... 148
J'entends le monde qui m'appelle......... 150
Je suis chrétien.......................... 161

L.

Les Anges dans nos campagnes........... 109
Le monde en vain.......................... 117
Le prince de ce monde s'avance............ 121
Le ciel en est le prix.................... 129
Le voici l'Agneau si doux................. 137

M.

Mon cœur en ce jour solennel.............. 103
Mon doux Jèsus, enfin voici le temps...... 119
Mon doux Jèsus ne paraît pas encore....... 136
Mon doux Jèsus tout languissant d'amour.. 146

N.

Notre-Dame des Pyrénées................... 161
Noble époux de Marie...................... 171
Nous voulons Dieu......................... 156

O.

O roi des Cieux............................ 132
O Marie, ô Mère chérie.................... 147
Oui, je le crois, elle est immaculée...... 152
O sanctissima............................. 163

P.

Pourquoi ces vains complots............... 116
Par les chants les plus magnifiques....... 130
Perçant les voiles de l'aurore............ 142
Pitié, mon Dieu........................... 154

Q.

Quand Jésus vint sur la terre............. 104
Quand vous contemplerai-je................ 127
Que cette voûte retentisse................ 135

Qu'ils sont aimés........................ 139
Quelle est cette aurore nouvelle 158
Quand verrai-je la douce patrie........... 168

R.

Reine des cieux.......................... 154
Rassemblons-nous dans ce saint lieu...... 172

S.

Si le péché 101
Seigneur, Dieu de clémence.............. 118
Sainte cité............................. 128
Salut, ô vierge immaculée 159

T

Tout n'est que vanité 112
Travaillez à votre salut................ 114
Tout se tait, tout est calme............ 131
Tendre Marie............................ 146
Ton amour fait mon bonheur.............. 155
Triomphez, Reine des cieux.............. 166
Tendre Marie, mère chérie 167

U.

Unis aux concerts des Anges 153

V.

Venez divin Messie...................... 107
Vierge sainte, rose vermeille........... 151
Venez, tressaillons d'allégresse........ 165
Véritable ami de l'enfance.............. 175

Imp. Coussau & Coustalat, rue Gouvion, 29.

www.ingramcontent.com/pod-product-compliance
Lightning Source LLC
Chambersburg PA
CBHW060557210326
41519CB00014B/3495